UN LAPIN
EN SEMI-LIBERTÉ
CHEZ MOI,
C'EST POSSIBLE !

MICHÈLE PALLARD-CRESSENT

UN LAPIN EN SEMI-LIBERTÉ CHEZ MOI, C'EST POSSIBLE !

ULMER

SOMMAIRE

Introduction

Un lapin libre, pourquoi ?

Parce que tout d'abord aucun animal ne doit vivre enfermé, c'est tellement évident !
Rappelons-nous que nous sommes nous aussi des animaux, et que nous ne le supporterions pas... ou très mal ! Pourquoi d'autres espèces que la nôtre le vivraient-elles mieux ?
Parce qu'un lapin a besoin de courir ou tout au moins de se dégourdir les pattes, c'est impératif.
Ensuite parce que le lapin est propre, et ressemble en cela énormément au chat. Mettriez-vous un chat en cage ?
Enfin, parce qu'il existe des moyens de lutter contre ses éventuelles nuisances, notamment le fait qu'il ronge.
Vous trouvez normal qu'un chat ait besoin de se « faire les griffes » ? Eh bien, votre lapin, lui, a besoin de se « faire les dents » !
Il suffit donc de lui en donner les moyens, de façon que vos meubles n'en souffrent pas, de même que vous achetez un griffoir ou un arbre pour votre chat, afin d'éviter qu'il s'en prenne à vos rideaux ou votre tapisserie.

Un lapin en liberté à la maison

J'ai décidé d'écrire ce livre car bien souvent, les gens qui viennent chez moi sont considérablement étonnés, non pas de la présence de lapins dans ma maison, puisque celle-ci s'est relativement démocratisée depuis quelques années, mais par le fait qu'ils ne soient pas enfermés dans une cage.
Et la question qui revient sans cesse est la suivante :
« Mais, ils sont propres ? ».
Et moi, de leur répondre : « Eh oui ! Ils le sont ! Et même plus que les chats ! ».
Puis, immanquablement, vient la crainte du rongeur : « Et tes meubles ? Tes fils électriques ? »... Mais lorsque je leur explique mes astuces et qu'ils voient le comportement des concernés, ils sont en général épatés !
J'ai donc voulu parler de mon animal favori — qui l'est depuis toujours — afin de redorer un peu le blason d'un animal trop méconnu et jouissant d'une réputation peu flatteuse, ce qui est absolument injustifié.

Autrefois uniquement destiné à remplir de temps à autre nos assiettes et à l'industrie textile, il est aujourd'hui entré dans de nombreux foyers français comme animal de compagnie, à l'instar de nos voisins anglais qui l'ont adopté depuis longtemps et n'en mangent jamais.
Cependant, une fois notre nouvel ami chez nous, nous suppliant du regard derrière les barreaux de sa cage, il s'avère impossible de ne pas le laisser en sortir… Et c'est en général à ce moment que les ennuis commencent… !
En effet, il faut cohabiter avec lui et, très souvent, cela ne se révèle pas chose facile, compte tenu que trop de questions à son sujet demeurent encore sans réponse dans notre pays…
Ainsi, quelques mois seulement après le coup de cœur qui a permis leur adoption, ils sont chaque année plus nombreux à se retrouver en refuge, faute de recommandations toutes simples et vraiment faciles à mettre en pratique, que je vous délivre au fil des pages qui suivent, et sont toutes tirées de ma propre expérience d'amoureuse — depuis 30 ans déjà ! — de nos amis aux grandes oreilles.
Ce guide, conçu pour une meilleure entente entre l'homme et l'animal, vient bien entendu en complément d'un guide classique rédigé par un vétérinaire, lequel vous donnera des informations plus précises en ce qui concerne son alimentation, sa santé, les races existantes ou la reproduction.
À ce sujet, je remercie vivement le Docteur Myriam SEPTIER, vétérinaire en Gironde, passionnée de lapins et autres NAC[1], ainsi que ses confrères, les Drs CAPELLI et DUPUC de SAINT-PAUL, qui ont très gentiment accepté de relire cet ouvrage avant sa publication.
Les lapins sont fantastiques de fidélité et d'amour et gagnent réellement à être connus.
Aussi, j'espère de tout cœur que ce livre contribuera à ce que vous viviez de merveilleux moments avec votre animal, et qu'il deviendra votre meilleur ami.

1 Nouveaux Animaux de Compagnie.

QUE FAIRE POUR QUE VOTRE LAPIN SOIT PROPRE ET SAGE ?

Dès son arrivée

Vous devez procurer à votre lapin un habitat adapté à sa taille, aménagé en fonction de ses besoins, et situé dans un endroit judicieux (pour lui comme pour vous), sans oublier une nourriture appropriée !

Un habitat adéquat

Bien que votre animal vive ensuite en liberté chez vous durant la journée, une cage lui est nécessaire, pour y passer la nuit d'une part, mais pas seulement : votre compagnon a besoin de son « chez-lui », de même qu'il le creuserait dans la nature.
Ce sera l'endroit où vous lui donnerez à manger, où il fera ses besoins, s'isolera, et ira se réfugier s'il en ressent la nécessité. Sachez aussi que comme un chat, il décrétera qu'un fauteuil, une chaise sont confortables et y établira ses quartiers en plus de sa cage. De même, ne vous étonnez pas de le trouver assez souvent caché dans un endroit sombre. Il est même probable que ce lieu devienne l'un de ses favoris, car les lapins aiment l'obscurité (n'oubliez pas que dans la nature, ils dorment dans un terrier et vivent la nuit !).

► Tissu luxueux pour lapin précieux !

▼ Cette chaise a été sélectionnée et validée pour sa douceur et son confort !

• Choisir la pièce de la maison la plus adaptée

Opter pour un lieu à l'abri des courants d'air et de l'humidité est capital en raison de sa santé fragile.
On évitera soigneusement de placer sa cage dans une chambre : le lapin étant un animal nocturne, donc ayant naturellement beaucoup d'énergie et une vie intense la nuit, vous risqueriez de ne pas fermer l'œil !
Le lieu le plus approprié sera un coin idéalement sombre, mais en tout cas jamais ensoleillé pour ne pas lui provoquer un coup de chaleur. On privilégiera la pièce à vivre, si tant est que nous ne viviez pas dans une seule pièce, étant donné le bruit qu'il peut être amené à faire lorsqu'il range son « chez-lui », lequel deviendrait rapidement insupportable la nuit, même s'il est des lapins ayant une nature très calme ou calquant leurs horaires sur ceux de leur maître.

▲ Ici on travaille sous haute surveillance !

Dans votre séjour ou votre salon donc, votre lapin sera le plus heureux : de nature curieuse, il pourra vous observer ; n'aimant pas la solitude, il sera rassuré. Si vous travaillez chez vous, votre bureau se révélera également un endroit parfait : placez une chaise à côté de la vôtre, et vous verrez qu'il n'hésitera pas à y monter et s'y installer. Il restera alors de longues heures près de vous pour vous tenir compagnie.

De temps en temps, de son menton, il donnera de petits coups dans votre cuisse pour vous signaler qu'il réclame votre attention et apprécierait un câlin. Si vous l'ignorez, vous prenez le risque de le mettre fort en colère, et il pourrait bien vous pincer afin de vous faire savoir qu'il n'est pas votre assistant, mais bien le patron et que c'est l'heure de la pause !

• La cage idéale et son aménagement

Bien sûr, elle devra être la plus grande possible, soit 95 cm de long pour une largeur de 58 cm et une hauteur de 45 cm (pour un lapin jusqu'à 4,5 kg), car de même que dans son terrier où il bâtit plusieurs pièces, il a besoin dans son habitat de plusieurs zones très distinctes et suffisamment éloignées les unes des autres.

Pour un lapin plus imposant, tel que le Géant Blanc du Bouscat (environ 6 kg), vous devrez assembler deux cages, voire acheter une cage duplex ou triplex (en vente sur Internet) ou encore fabriquer vous-même son abri. En ce qui concerne le Géant des Flandres (environ 10 kg), vous devrez lui

▼ Rien de tel qu'une rangée de livres pour se faire un peu d'ombre les jours de grand soleil !

▲ Géant du Bouscat dans une cage triplex.

▲ Un coin toilettes d'un côté, un coin repas de l'autre, et un coin repos entre les deux : voici une cage qui comprend parfaitement les besoins de son locataire !

▲ Une cage à fond lisse pour un nettoyage facile et rapide.

▲ Une cage à fond quadrillé double le temps d'entretien.

concevoir vous-même son habitat, car on ne trouve hélas rien d'adapté à sa taille dans le commerce pour le moment.

Enfin, privilégiez les fonds lisses plutôt que les quadrillés, le nettoyage en sera facilité. De même, une cage à deux ouvertures (l'une au plafond pour vous, l'autre sur un côté pour lui) sera beaucoup plus commode.

Votre animal appréciera énormément un habitat très obscur (de même que son terrier l'est dans la nature) : cela l'apaise et le rassure. Il est donc judicieux de « fabriquer » (avec les moyens du bord) un plafond à la cage, le plus facile étant d'opter pour un plaid à poser par-dessus (sans recouvrir le devant bien entendu : votre animal doit respirer !), qui sera de plus très pratique, puisque très facile à ôter ou replier si besoin, etc.

L'été, on prendra soin de placer une moustiquaire sur sa cage (avec ou sans le plaid au-dessus), de façon à limiter le risque de piqûres de moustique, ces derniers pouvant lui transmettre des maladies qui lui seraient fatales (voir page 67).

Le coin repos

Il doit se situer entre le coin repas et le coin toilettes.

Votre lapin appréciera le sol nu et lisse de sa cage. Inutile d'y mettre de la paille, qui lui piquerait le corps, il déteste ça ! Éventuellement, vous pouvez placer un petit tapis dans une matière chaude (ils adorent les tapis *shaggy* tout doux) ou un morceau de moquette, mais pas de coussin pour chat, car il pourrait bien le mettre en pièces !

Le coin repas

Installez le coin repas à une extrémité de la cage et à l'opposé du coin toilettes.

Achetez obligatoirement une écuelle spéciale lapins, car elles sont suffisamment lourdes, étant étudiées pour que votre ami ne puisse pas les retourner et donc renverser tous ses granulés lors de ses séances de ménage.

▲ Ces écuelles spéciales pour lapin en grès ou verre épais seront bien difficiles à renverser… !

Prévoyez également un récipient à la fois lourd et assez profond pour le foin (un cache-pot en terre cuite ou en céramique fera très bien l'affaire), ce dernier ayant tendance à s'échapper des distributeurs fournis dans les cages du commerce (vous pourrez néanmoins utiliser ceux-ci pour servir des crudités, telles que des feuilles d'épinards, de choux ou autres).

S'agissant de l'eau : surtout pas d'écuelle, car votre ami aurait rapidement de graves problèmes de peau, dus à l'humidité permanente sur son menton. Il faut donc opter pour un biberon, et de grande taille, le lapin étant un animal qui boit beaucoup.

▲ Voici un WC trois étoiles pour un lapin propre et un maître comblé.

Le coin toilettes

Il doit être à une extrémité de la cage et à l'opposé, c'est-à-dire loin du coin repas.

Placez au fond de la cage un bac à litière tout simple pour chat, recouvert d'un sac-poubelle de 30 litres (avec anses de préférence, pour pouvoir le nouer, ce qui évitera que votre lapin ne s'amuse à le déchirer).

Tapissez-en le fond (jusqu'à mi-hauteur) d'une couche de sciure de bois.

Faites un nœud sur le côté et le tour est joué !

Une alimentation qui tient compte de ses besoins

Pour que votre compagnon ne se mette pas à ronger vos meubles et fils électriques, veiller à une alimentation convenable est primordial : en effet, les dents du lapin poussant continuellement, il doit user celles-ci afin de ne pas risquer une malocclusion dentaire, qui lui serait fatale.

Dans la nature, il trouve tous les végétaux nécessaires ; dans nos intérieurs, nous devons donc les lui fournir.
Le foin sera son aliment principal (80 à 85 %) et servi à volonté, viennent ensuite les crudités (10 à 15 %) et enfin les granulés (5 %).

▲ Du foin à volonté, il n'y a pas mieux pour la santé !

• L'eau

Changez l'eau tous les jours.

• Le foin

Il est indispensable en permanence dans sa cage si votre lapin n'a pas accès à un jardin tous les jours, sinon gare à votre déco intérieure !
En lui en donnant, vous lui permettez d'user naturellement ses dents, de même qu'il le ferait dans la nature en mangeant continuellement des végétaux. De plus, le foin est essentiel au bon fonctionnement de son transit intestinal.
Toutefois, ne prenez pas n'importe lequel... De toute façon, votre ami aurait tôt fait de vous faire savoir qu'une marque ne lui convient pas : il la bouderait purement et simplement, s'il ne va pas jusqu'à s'en faire un tapis et s'y coucher !
Dans la mesure de vos possibilités, faites donc votre choix dans la fourchette haute des prix. *Mais n'acceptez en aucun cas* le foin des campagnes qui proviendrait de connaissances : il y a de fortes probabilités pour que des lapins de garenne l'aient souillé, et il pourrait transmettre la myxomatose (maladie mortelle à 90 %) à votre ami.
En revanche, si vous vivez en ville et que vous avez un jardin, vous pouvez envisager de lui proposer le vôtre.
Pour ce qui est de l'aspect pratique des choses, le foin que l'on achète

Attention
Un lapin qui ne mange plus doit immédiatement être emmené chez le vétérinaire, car si son transit s'arrête, il meurt.

Bon à savoir
Stoppez momentanément le foin en cas de diarrhée.

dans le commerce est conditionné dans un emballage plastique mal étudié pour les utilisateurs : trop tassé, il est difficile d'en extraire la quantité voulue, et de procéder de manière rapide sans en mettre partout. De plus, le paquet ne tenant pas droit et n'étant pas refermable, vous ne pourrez pas le coucher pour le ranger... Un très grand sac plastique du commerce sera donc idéal (attention, pas de sacs poubelle : ils contiennent certaines substances nocives qui pourraient se déposer sur le foin). Versez-y le contenu du paquet, ce qui permettra au foin de respirer, et à vous de pouvoir vous servir plus facilement. Ensuite, stockez-le dans un endroit sec.

• Les crudités

Idée reçue
Certains lapins détestent les carottes.

De même que chez les humains, chaque individu a ses goûts, et cela peut même être surprenant d'en noter certains, diamétralement opposés, chez les membres d'une même famille de lapins ! Certains lapins, il faut le savoir, détestent les carottes.
Ainsi, l'un sera fou de tomates, l'autre de fraises, un autre encore de poires, ou bien d'endives et de pommes.
Dans tous les cas, ne leur donnez jamais d'épluchures ! Les mangeriez-vous vous-même ?
Les crudités doivent être rincées (comme pour vous), séchées dans un torchon (l'eau présente sur les légumes peut rendre un lapin très gravement malade), mais surtout jamais données tout juste sorties du réfrigérateur, mais à température ambiante.

▼ Endives, basilic, batavia : un vrai repas de végétarien qui se respecte !

▲ Les feuilles mortes des arbres sont au lapin ce que les chips sont pour nous : une vraie gourmandise !

Attention aux carottes et aux fruits : toujours en toute petite quantité (pour un lapin de 5 kg : un quart de pomme maximum, deux à trois fraises, un tiers de carotte...)... Ceux-ci contiennent du sucre, dont les lapins ne doivent surtout pas abuser, car un surpoids amènera des problèmes cardiaques.

• Les granulés

Privilégiez les petites quantités et les meilleures marques (fourchette de prix haute ; pauvres en glucides et lipides), vous vous y retrouverez dans la bonne santé de votre animal.

N'oubliez pas de demander à la personne qui vous aura vendu votre animal de vous donner un peu de ses granulés habituels, ou bien de lui en demander la marque pour pouvoir vous en procurer, car il vous faut faire la transition avec les anciennes avant de passer aux nouvelles, en lui proposant un mélange des deux marques pendant plusieurs jours.

Enfin, jusqu'à l'âge de 6 mois, un lapin doit manger à volonté des granulés ou/et des crudités, car il est en pleine croissance. Ensuite, deux repas par jour (une poignée le matin, l'autre le soir) suffisent pour un lapin moyen (c'est-à-dire 3 kg).

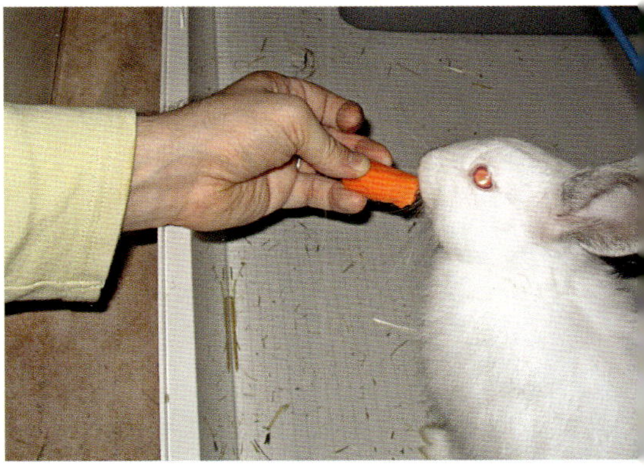

▲ Lapin se régalant d'un morceau de carotte, que son maître a pris soin de donner en proportion raisonnable à ce grand gourmand...

Exemples de crudités à donner à votre compagnon :

- Pour les lapins non habitués à la verdure : endives, pommes, carottes, tomates et feuilles, fraises et feuilles, framboises et feuilles, épinards, fanes de radis...
- Pour les lapins habitués à la verdure : carcasses de chou-fleur, batavia, basilic, persil, céleri, chou vert (petite quantité)...

Un environnement rassurant

• Avoir la bonne attitude

Pas de stress visuel

Surtout, laissez votre lapin tranquille.

Il lui faut le temps de s'acclimater à sa cage et à votre univers, d'autant que tout ce qui est nouveau est effrayant pour votre nouvel ami.

Il va donc tout doucement prendre ses repères dans son nouvel habitat. Laissez simplement la cage ouverte (il n'en sortira de toute façon que dans plusieurs jours), de manière à lui faire comprendre qu'il a la possibilité d'en sortir, mais ne le mettez pas dehors vous-même : c'est à lui de décider du moment d'en sortir, et cela peut parfois prendre une dizaine de jours !

Ainsi, veillez à ne pas vous mettre autour de la cage pour l'observer dans les premières heures de son arrivée : ce changement de résidence est déjà assez stressant pour lui.

De même, ne passez pas votre bras à l'intérieur pour le caresser, et faites en sorte que les moments d'intrusion dans la cage soient associés à quelque chose de positif pour lui : nourriture, petit nettoyage.

Également, au moins le premier jour, ôtez les animaux qui vivent habituellement dans la pièce où il se trouve.

Continuez simplement normalement votre vie... Il va se mettre à vous observer du coin de l'œil, afin de se faire une idée de vous et de vos habitudes...

▶ Attention, nous sommes observés...

Pas de stress sonore

Les premiers jours, il est judicieux de mettre le son de la télévision ou de la musique assez bas. De même, on préférera des mélodies calmes, douces à d'autres plus rythmées.
Sachez que l'ouïe de votre animal est extrêmement développée, et que les premiers éléments auxquels il va devoir s'accoutumer chez vous sont les différents bruits de la maison. Aussi, il faut éviter qu'il y en ait beaucoup dès le départ, car ce serait trop compliqué pour votre lapin de faire le tri de tous ces sons, qu'il va devoir assimiler progressivement et identifier comme étant non dangereux.
Par conséquent, si la cage se situe par exemple dans la même pièce que le lave-linge, le lave-vaisselle, le micro-ondes ou la télévision, il vous faudra veiller à faire fonctionner alternativement vos appareils durant la première semaine de vie de votre lapin chez vous. Ensuite, mettez-les progressivement en marche ensemble, afin que votre ami se familiarise en douceur à leurs différentes sonorités associées.

▲ Avec une ouïe environ dix fois plus développée que la nôtre, voici le meilleur des critiques musicaux !

▲ Vertige, crampes, douleurs ? Attrapé ainsi, ce lapin ignore le sens de ces mots.

• Premiers câlins

Vos premiers gestes sont d'une importance capitale !
Votre animal va à ce moment se faire une idée de votre capacité à vous montrer précautionneux et doux ; de là dépendra son acceptation à se laisser approcher de vous par la suite, de même que le fait qu'il vienne vous solliciter lorsqu'il a besoin de tendresse.
Également, il va « étiqueter » chaque membre de votre foyer : doux, calme, brutal, pressé, délicat, tendre, violent... Il se fera donc d'emblée une idée précise de chacun, et opérera ainsi sa propre sélection...
Sachez qu'il sera ensuite réellement difficile de revenir en arrière... Aussi, ne vous laissez pas emporter par la joie de sa présence, au risque de l'effrayer et de provoquer l'inverse de ce que vous souhaitez, à savoir qu'il soit proche de vous.
Les premiers câlins auront lieu dans le calme (évitez les cris et rires bruyants, ou plusieurs personnes autour de lui), et de préférence seulement quelques heures après son arrivée. Vous pourrez le prendre dans vos bras ou le mettre à côté de vous sur un fauteuil pour le câliner, mais sans le poser au sol, et remettez-le toujours tout de suite après dans sa cage.
Pour le caresser, il vous faudra impérativement sortir votre lapin de sa cage, car il a besoin de savoir que ce lieu n'appartient qu'à lui, que personne n'y fera intrusion. Ce n'est qu'à cette condition qu'il se sentira en sécurité, et identifiera ce lieu comme étant celui dans lequel il pourra se réfugier en cas de besoin.

Aussi, l'étape n° 1 avant ce premier échange avec lui sera donc de le sortir délicatement de sa cage, mais encore faut-il savoir l'attraper, et ce sans lui faire mal… !

L'attraper correctement

Jamais par les oreilles, cela fait horriblement mal aux lapins !
La meilleure façon de procéder est de placer une main sur son torse, puis une autre sous son arrière-train, de le soulever doucement mais rapidement, et de bien le caler contre vous.
Il est également bon, si vous y arrivez, de placer sa tête sous votre aisselle, car il a le vertige.
Dans tous les cas, ne le gardez pas longtemps en hauteur ; asseyez-vous rapidement mais sans brusquerie, et placez-le sur vos genoux.

Le caresser de la bonne manière

Montrez-vous très doux et calme dans vos gestes.
Surtout, pas de caresses à rebrousse-poil, il déteste ça, et vous pourriez le braquer pour les jours à venir !
Partez du principe que c'est comme si vous caressiez un chat : il appréciera pratiquement toujours les caresses sur la tête (du bas du front jusqu'à la pointe des oreilles) et que vous lui grattiez les joues…
La plupart des lapins adorent aussi qu'on enferme leur tête dans une main, en partant du bas du museau et que l'on remonte ainsi le long de leurs oreilles.
Si vous entendez alors un claquement de dent, c'est très bon signe ! Car celui-ci est au lapin ce qu'est le ronronnement au chat.

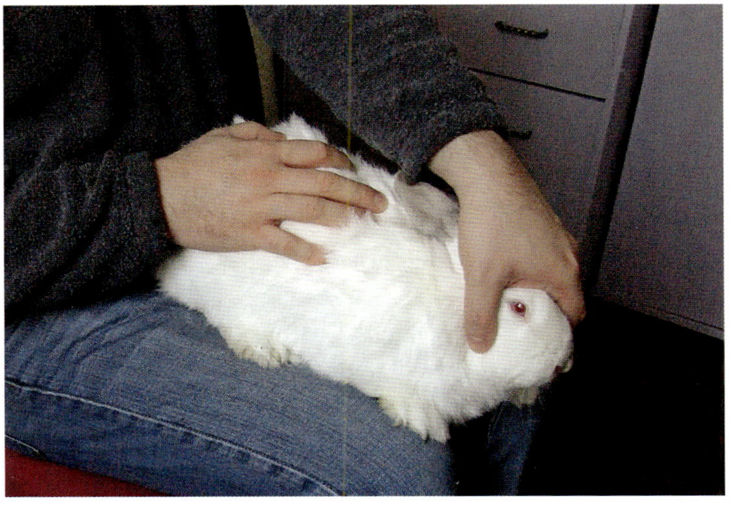

◄ La caresse préférée de sa seigneurie !

• Si vous avez d'autres animaux chez vous

Il est connu que le cochon d'Inde et le lapin s'entendent merveilleusement bien ; cependant, il est difficile d'éduquer un cochon d'Inde à la propreté. Aussi, les faire cohabiter obligerait à ce qu'ils vivent enfermés, ce qui n'est pas le propos de ce livre.

Comme le chien, le lapin est fidèle et territorial.

Du chat, il a l'indépendance, l'hygiène, de même que pratiquement la morphologie.

Aussi, pour peu que votre lapin soit de taille moyenne (environ 3 kg) et que vos autres « poilus » ne soient pas chasseurs, le lapin s'entend très bien avec eux, et il peut même se créer des liens profonds entre eux. Toutefois, à son arrivée, éloignez les autres animaux de la maison ; veillez particulièrement à ce qu'ils ne se trouvent pas dans la même pièce que votre lapin : chien ou chat peuvent se montrer agressifs devant le nouvel arrivant, et ainsi le terroriser, ce qui pourrait avoir raison de lui étant donné son cœur fragile...

Lors des premières rencontres, vous devrez être extrêmement vigilant et les mettre en présence uniquement quand vous êtes là, et prêt à intervenir. Caressez l'un puis l'autre pour apaiser les éventuelles tensions, en commençant toujours par celui qui était là le premier, ou bien ne câlinez que celui qui était là avant, si la tension est trop palpable. La première rencontre ne doit durer que quelques secondes. Le lendemain, passez à quelques minutes, puis étendez la durée au fil des jours, mais restez toujours avec eux, jusqu'à ce que vous constatiez qu'ils s'acceptent bien.

Jour après jour, vous les mettrez donc en contact très progressivement, afin que chacun s'habitue à la présence de l'autre : d'abord cage fermée (une heure dans la même pièce, puis deux le lendemain, une demi-journée le troisième jour, et ainsi de suite), puis cage ouverte (recommencez : une heure, deux le lendemain, etc.).

▶ L'heure de la sieste a sonné, merci de ne pas déranger !

▼▼ Quand on a besoin de tendresse... Un ami est souvent prêt à en donner !

Dans les jours suivant son arrivée, informez-vous

Même si la cage est ouverte en permanence, votre lapin mettra plusieurs jours avant d'en sortir, laps de temps au cours duquel il va vous observer du coin de l'œil, ainsi qu'étudier son futur territoire...
De votre côté, il vous faut profiter de ce moment pour apprendre à connaître sa personnalité et son langage, de manière à pouvoir entrer en relation et interagir avec lui lors de la phase d'éducation, laquelle démarrera dès qu'il quittera son habitat.

▶ Placer un lapin sur un banc confortable rend toujours plus aisé le passage en revue des points à observer...

▲ Des crottes identiques, dures et parfaitement rondes signent une santé de fer !

Préoccupez-vous de son état de santé

Elle doit être bonne, afin que votre lapin soit serein, donc éducable.

• Observez les points qui pourraient rendre votre lapin très nerveux :

- Tout d'abord, il faut que son transit fonctionne correctement : il ne doit jamais s'interrompre. Vous saurez si tout va bien de ce côté-là en observant ses crottes : elles doivent être parfaitement rondes et de taille identique, à l'exception de certaines plus riches en nutriments, dites « molles » et appelées caecotrophes, que votre ami ingérera, ce qui est absolument naturel et bénéfique pour lui.
Si son arrière-train est souillé, votre lapin a sans aucun doute un problème intestinal à faire contrôler sans tarder.

- La gale des oreilles étant très fréquente chez le lapin (car très contagieuse entre congénères), si votre lapin secoue souvent ses oreilles et se gratte beaucoup, vous pouvez la suspecter...
Par ailleurs, des oreilles très sales et la présence de croûtes signent que la maladie est déjà bien installée... Heureusement, celle-ci se traite localement et assez facilement, mais ne tardez pas.

• Montrez-le à un vétérinaire spécialiste des NAC [1].

Celui-ci fera un bilan général de son état de santé, et pourra d'ores et déjà vous dire si votre nouveau compagnon est porteur ou non d'une maladie à son arrivée chez vous.
Également, il contrôlera entre autres les points suivants :
- son rythme cardiaque (car son cœur est très fragile)
- son poids (l'obésité doit être absolument évitée pour la raison précédente)
- ses dents (trop longues car mal usées, elles sont à l'origine de malocclusions, fatales le plus souvent)
- ses oreilles (si la gale n'en est qu'à ses débuts, votre vétérinaire saura néanmoins la détecter, ce qui est préférable pour votre ami qui en souffrira moins et n'en guérira que plus vite)
- ses paupières et ses parties génitales, afin de vérifier la non-présence de la myxomatose
- ses griffes (il les coupera si nécessaire pour que votre lapin soit à l'aise dans ses déplacements, et ne se fasse pas mal en se grat-

[1] Nouveaux Animaux de Compagnie

▼ Un régime pauvre en calories, donc uniquement à base de foin et de légumes crus, s'impose pour cette lapine que la gourmandise a rendue obèse.

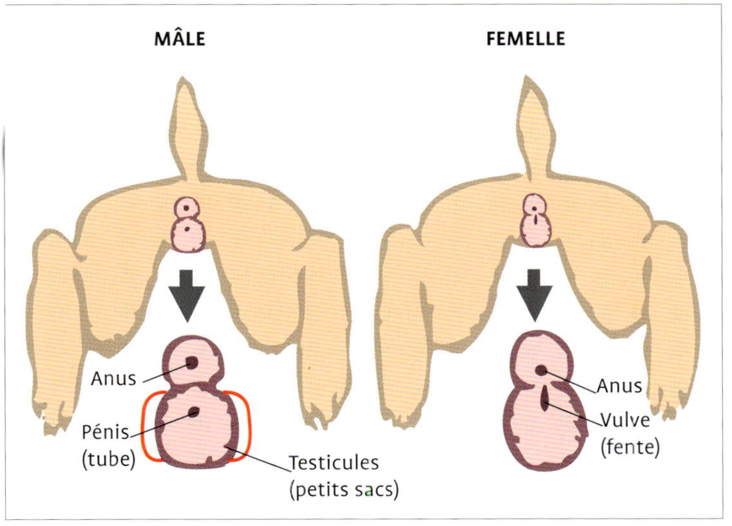

◄ Lapereau mâle ou femelle ? Voici comment le savoir !

tant ; il pourra aussi, si vous le lui demandez, vous montrer comment procéder).
Par ailleurs, n'hésitez surtout pas à lui signaler des crottes de forme anormale.
De même, demandez-lui de vous confirmer le sexe de votre nouvel ami, ce qui n'est pas évident chez le jeune lapin.

• Faites vacciner votre lapin contre la myxomatose et la maladie virale hémorragique (VHD)

Dès l'âge de 3 mois, il faut procéder à une primo-vaccination contre ces deux maladies mortelles, essentiellement transmises par les moustiques et les puces, mais aussi les mouches piqueuses.
Coût du vaccin : 25 à 30 euros.
Il est également important de savoir que le vaccin protège seulement contre quelques-uns des virus qui en sont responsables (comme le vaccin contre la grippe pour nous), et que le pic de la maladie est en septembre. Il doit donc être tout particulièrement couvert à cette période de l'année.
S'agissant de la maladie très grave qu'est la VHD, il semblerait que le virus qui en est à l'origine soit actuellement en train de muter ; il faut donc avoir encore plus conscience de la nécessité vitale du vaccin pour votre compagnon.

▼ Vaccinez votre lapin pour lui donner le plus de chances possibles de ne pas vivre ça...

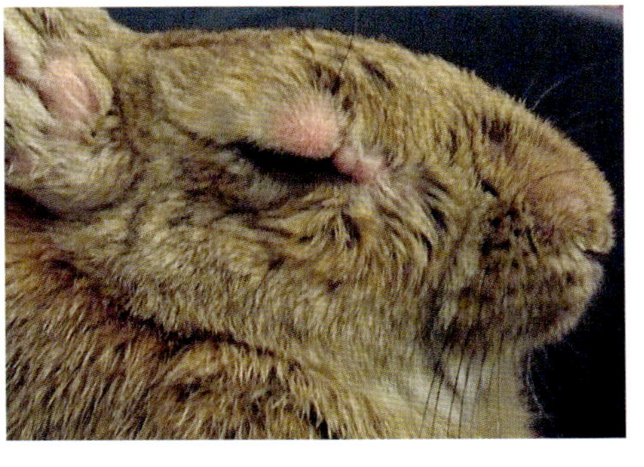

Apprenez à connaître les lapins

Vous pourrez ainsi entrer en relation avec le vôtre lors de la phase d'éducation.

• Comparaison chien/chat/lapin

Vous trouverez ci-après, à titre informatif, une comparaison des grands traits du lapin avec les deux autres animaux de compagnie préférés des Français.

▲ Le chien est le meilleur ami de l'homme...

▲ Le chat est le meilleur ami de l'homme... également !

	Lapin	Chat	Chien
Affectueux	**	**	***
Hygiène contraignante	* (1 à 2 litières / semaine ; se toilette seul)	** (2 à 3 litières/ semaine ; se toilette seul)	*** (le sortir tous les jours ; le toiletter)
Douceur de la robe	***	**	**
Indépendant	***	**	*
Propre	***	***	**
Ne risque pas de voler votre repas	***	*	*
Silencieux	***	**	*
Autonome lors d'une courte absence (week-end)	***	***	*
Peu coûteux d'entretien (frais d'alimentation, d'hygiène et de santé)	***	**	*
Fidèle	***	**	***
Territorial	***	***	***
Drôle	***	***	***
Joueur	**	***	***
Intelligent	***	**	***

▲ Le lapin est le meilleur ami de l'homme… aussi !

Abécédaire de la personnalité du lapin

Parmi les idées reçues les plus courantes en sa défaveur, on retrouve : « le lapin est bête », « le lapin est sale » ou encore « le lapin sent mauvais » ; la réalité est toute autre !
À le voir évoluer près de vous, vous vous apercevrez rapidement de ses nombreuses facettes, plus étonnantes et attachantes les unes que les autres, et qui resteraient insoupçonnables s'il vivait en cage.

▶ Détourner les objets de leur utilisation première, en leur en trouvant une improbable et donc drôle, ce n'est pas donné à tout le monde !

A

Affectueux : Le lapin aime être câliné longuement. C'est un animal extrêmement affectueux : il vous suivra, se couchera à vos pieds, restera assis près de vous, réclamera des caresses en passant sa tête sous votre main ou en se dressant sur ses pattes arrière et en posant celles avant sur vos genoux, ou encore en donnant de petits coups de menton dans vos chevilles.

▲ La surveillance du territoire peut aussi se faire en restant bien au chaud…

B

Boudeur : Vous l'avez délaissé ? Vous avez fait quelque chose qui ne lui a pas plu (interrompre un peu trop tôt un câlin par exemple) ? Vous lui avez manqué ? Il vous le fera savoir ! Il vous tournera purement et simplement le dos.

C

Comique : Préparez-vous à rire souvent ! Votre ami n'est pas avare de pitreries en tous genres et de poses improbables !
Curieux : Rien ne lui plaît plus que les déménagements ou le fait que vous changiez vos meubles de place ! Il adore ça ! Il inspectera alors chaque recoin, étudiera de nouveaux parcours : une vraie petite fête !

D

Délicat : Si vous tentez de lui donner un granulé, vous serez surpris de sa grande délicatesse. En effet, jamais vous ne sentirez ses dents sur vos doigts. Encore plus incroyable, si vous placez un gros granulé entre vos lèvres (cela n'a rien de dégoûtant, puisqu'ils sont uniquement composés de végétaux) et vous mettez à sa hauteur, il s'en saisira sans vous toucher d'un millimètre !

Diablotin : Il tentera de temps à autre de braver les interdits ; de même, il prendra un malin plaisir à vous faire enrager (surtout en vous faisant courir après lui) s'il a un compte à régler avec vous.

Dominant : Il est le roi, le maître, le patron, le chef. La maison est à lui, et les meubles aussi ! Vous n'êtes qu'un être bien plus faible, sur lequel il veille en protégeant son territoire. Il est le général, et vous êtes corvéable à merci : lui donner à manger, à boire, entretenir sa cage, alors que lui a une mission tellement plus importante : vérifier que rien n'a bougé de place, et rester en éveil pour repousser l'envahisseur éventuel.

Doté d'un 6e sens : Il arrive à deviner si, lorsque vous vous approchez, vous allez le prendre dans vos bras ou vous baisser pour le caresser. Et dans le premier cas, il prend la fuite !

▲ Que l'appétit soit grand ou non, la délicatesse est toujours au rendez-vous.

▲ Ce lapin n'a pas l'air de vouloir plaisanter : c'est bien lui le maître des lieux !

E

Expressif : Le lapin s'exprime, aussi étonnant que cela puisse vous paraître, et pas qu'un peu (voir chapitre suivant) ! Par exemple, il vous regardera les deux pattes avant appuyées sur le rebord de sa cage, pour vous demander quelque chose.

F

Facétieux : Vous pensiez bricoler ? Eh bien ce ne sera pas pour tout de suite, car il s'est emparé de votre outil ! Vous allez devoir d'abord vous occuper de lui : soit en jouant, soit en le câlinant !

Fidèle : Peu de personnes à part vous auront ses faveurs. Il ne se laissera pas manipuler facilement par un inconnu, et ne communiquera qu'avec vous. Enfin, sachez que lorsqu'un lapin quitte[2] son maître, il n'est pas rare qu'il attende qu'il soit près de lui pour rendre son dernier souffle. De même, tels les chiens, certains lèchent une dernière fois la main de leur ami bipède, voire versent une larme juste avant d'expirer, même si cela peut vous sembler difficile à croire.

[2] À noter : s'agissant du corps de votre petit compagnon, la loi n'interdit pas de l'enterrer dans votre jardin si vous le souhaitez, à la différence des chiens et chats.

▲ Les choses sont on ne peut plus claires : ce lapin a besoin de quelque chose et s'y entend pour le faire savoir !

▼ Comment attirer l'attention de son maître ? En le dépossédant de l'objet dont il allait justement se servir...

▼ Une galerie de terrier (en coupe) d'un lapin de compagnie n'a rien à envier à celle de son cousin sauvage !

G

Gourmand : Il commence toujours par manger ce qu'il préfère, et il sent de très loin ses gourmandises préférées (une pomme par exemple). Il ira alors jusqu'à vous faire culpabiliser pour que vous lui en donniez !

Glouton : Lorsque vous lui servirez des granulés, il faudra bien souvent lui donner le premier pour qu'il vous laisse remplir l'écuelle.

I

Intelligent (extrêmement !) : Il est capable d'anticiper vos gestes et actes, et d'élaborer une stratégie en fonction.

Également, il est l'un des rares animaux capables de se construire un habitat particulièrement élaboré (plusieurs entrées, pièces et niveaux), et de l'aménager en fonction de ses besoins (ex. : pièce pour dormir tapissée de feuilles).

Il s'agit donc d'un véritable architecte, doté d'un grand sens de l'isolation thermique puisqu'il s'arrange pour creuser à une profondeur qui lui permette d'obtenir une température stable été comme hiver (20 °C environ) !

De plus, les différents accès à leur terrier, réalisés en pente douce, sont toujours en lieu discret, donc choisis avec soin.

Par ailleurs, le lapin n'a pas besoin de votre assistance pour survivre : il se nourrit en fonction de ce qui se trouve à sa portée dans la nature, et se protège au besoin des intempéries (dans son terrier, une cabane à outils, sous un escalier ou une table de jardin...).

Enfin, il sait quel est son nom et comprend quelques ordres auxquels il obéit (vous le verrez par exemple courir jusqu'à sa cage, lorsque vous lui direz que c'est l'heure de se coucher).

J

Jaloux : Non seulement vous lui appartenez, mais vous n'êtes qu'à lui, et rien qu'à lui ! Il vous le fera

▲ On n'est jamais mieux servi que par soi-même !

savoir si vous décrochez le téléphone alors que vous étiez en train de le caresser, ou si vous vous occupez d'un autre animal devant lui. Dans le premier cas, il donnera des coups de tête dans la paume de votre main pour vous ordonner de continuer, et peut même se fâcher tout net, donc vous pincer ou s'en aller furieux.
Dans le second cas, il chassera l'intrus en le repoussant hors de son territoire, puis vous donnera de petits coups de tête dans les chevilles.
Joueur : Une balle, une boule de papier, un tunnel feront son bonheur !

Joyeux : Comme un chien qui saute de joie, votre lapin fera de petits bonds caractéristiques (voir p. 40, *Le langage du lapin*), afin de vous signifier sa bonne humeur. Il exprimera celle-ci dans le jardin le plus souvent, après avoir couru, mais parfois aussi à l'intérieur.

M

Malin : Il est capable de déplacer des objets (corbeille à papier par exemple) pour se frayer un passage et accéder à l'endroit qu'il convoite, ou encore de renverser sa boîte ou son paquet de granulés afin de se servir lui-même si le repas n'arrive pas assez vite.

Il vaut mieux rester sur ses gardes quand on ne sait pas à qui on a affaire…

Maniaque : Il ne supporte pas que l'on déplace quelque chose dans sa cage. Faites-le et vous verrez : il remettra immédiatement l'objet à sa place initiale en le saisissant entre ses dents, et si vous recommencez, vous prenez le risque qu'il vous pince !

Méfiant : Vous ne gagnerez pas sa confiance facilement. À son arrivée chez vous, il est capable de ne pas quitter sa cage durant 2 semaines (parfois plus !) alors que celle-ci est ouverte…

Pourquoi ? D'une part, il ne vous connaît pas, et a besoin de vous observer longuement (en lieu sûr) pour savoir à qui il a affaire ; il étudie à cette fin du coin de l'œil vos habitudes, votre comportement… Ce n'est qu'une fois totalement rassuré qu'il tentera d'explorer le lieu dans lequel il vous voit circuler…

Également, il n'agrandira son territoire (donc en dehors de la cage) que s'il est parfaitement certain que vous êtes inoffensif et qu'il peut par conséquent prendre possession des lieux. Attention, par la suite, il faudra vous faire à l'idée que ce n'est pas lui qui vit chez vous, mais vous chez lui, car s'il est le roi de la garenne, son comportement extrêmement dominant demeure intact dans nos intérieurs !

Mélomane : Certains lapins font savoir s'ils apprécient une musique ou au contraire la détestent. Dans le premier cas, ils penchent extrêmement lentement (presque au ralenti) leur tête d'un côté sur l'autre ; dans le second cas, ils claqueront le sol à l'aide de leurs pattes arrière.

O

Ordonné : Il range chaque jour sa cage, à heure fixe, différente selon chaque animal, mais souvent en fin de matinée. Votre ami se fait alors bruyant, car il remet en place chaque objet qui s'y trouve (écuelle, bac à litière), si ceux-ci ont légèrement bougé. Ce n'est donc pas le moment de le déranger… Si vous intervenez, il saura vous faire comprendre que ce ne sont pas vos affaires !

Par ailleurs, une fois vides, il retourne les récipients dans lesquels il mange.

P

Ponctuel : Inutile de regarder votre montre, il prend ses repas à heure fixe, et si vous oubliez cette dernière, il se chargera de vous la rappeler : soit en tapant son écuelle contre le sol, soit en faisant sauter le couvercle de sa boîte de granulés.

Possessif : Il s'approprie certains meubles ou objets en les « marquant » de son menton (voir chapitre suivant *Langage du lapin*), et il en fera autant avec vous en frottant ce dernier contre vos jambes : vous lui appartenez !

Propre : Il est extrêmement attaché à l'hygiène (la sienne et celle de son habitat, ainsi que celle de son environnement), de même que son cousin sauvage ne fait jamais ses besoins dans son terrier mais choisit un endroit précis de son territoire. Il en fera donc autant, qu'il s'agisse d'un coin du jardin ou de sa cage. Également, il se toilette chaque jour, et beaucoup plus longuement que le chat. Enfin, lorsque quelques brindilles de foin ou des copeaux de bois se trouvent à l'endroit de sa cage où il dort, il prend soin de les repousser contre le bac à litière.

▼ La saleté, foi de lapin, c'est insupportable, et encore plus après un petit tour au jardin ! Vite, une longue toilette s'impose !

R

Rancunier : Si vous lui refusez un câlin, vous vous exposez à sa colère, et il vous le fera payer ! Il vous pincera, vous tournera le dos (parfois une journée entière !), vous ignorera, voire vous fuira dès que vous l'approcherez.

Rapide : Ce n'est pas une légende, loin de là !

Rusé : Dans la nature, il n'hésitera pas à jouer le tout pour le tout devant un prédateur, en se jetant sur le côté et en gardant les yeux fermés, afin de faire croire qu'il est mort. Chez vous, il attendra que vous ayez le dos tourné pour mettre à exécution ce qu'il a en tête et qu'il sait être interdit... !

▼ Ce regard démontre que la ruse n'est pas que l'apanage du renard...

▲ Un seul œil plein de tendresse suffit à ce que le charme agisse...

T

Tendre : Parfois, lorsque vous aurez longuement caressé son pelage incroyablement doux et soyeux, il donnera un petit coup de langue sur votre main pour vous remercier et vous témoigner son amitié.
Territorial : Étant donné que vous êtes chez lui, si un élément de votre décoration intérieure l'exaspère (un coussin par exemple), il l'enlèvera indéfiniment du canapé. De même, les autres poilus de la maison ont intérêt à se faire tout petits, et à ne pas essayer de lui voler son fauteuil, son tapis ou sa chaise favorite !
Têtu : Un endroit lui plaît, mais vous ne voulez pas qu'il y aille ? Il n'aura de cesse de tenter d'y retourner.

Si cet abécédaire vaut pratiquement pour tous les lapins, chacun a sa personnalité propre : l'un se distinguera par son amour de la course, alors qu'un autre, casanier, refusera tout net la moindre sortie au jardin ! Un autre encore restera en permanence à côté de vous tel un chien, ou sera colérique et râleur, ou bien pataud et un peu brusque.
Ainsi, pas un lapin ne ressemble à un autre, si ce n'est en apparence : même entre un frère et une sœur — ainsi qu'il en est pour les autres espèces animales, dont nous sommes ! — il existe des différences notoires de personnalité.

Afin de vous en donner une idée plus précise, voici le portrait rapide de quelques lapins qui ont fait partie de ma vie :

Léon (le père)	**Speedie (la fille)**	**Loulou (la fille)**	**Spock (le fils)**	**Blanchette (parenté différente)**
Gourmand, très sensible (tendance à la dépression), coléreux, râleur, très affectueux, dominant, solitaire, casanier.	Sportive, joueuse, jalouse, affectueuse, possessive.	Caractérielle, très câline, hyper casanière, peureuse, gloutonne, obstinée, détestant la solitude.	Dominant, calme, pataud, doux, affectueux.	Docile, suiveuse, très facilement manipulable, hyper câline, gourmande.

Également : le mâle sera souvent plus calme ; la femelle (reconnaissable à l'âge adulte au premier coup d'œil à son fanon sous le menton, importante réserve de graisse en vue des éventuelles grossesses), plus joueuse. Quoi qu'il en soit, votre ami se montrera toujours un extrêmement fidèle et tendre compagnon, capable de se laisser mourir si vous ne vous intéressez plus à lui.

• Le langage du lapin

Il est pratiquement muet (il ne crie qu'en cas de violente douleur et juste avant de mourir), mais cela ne l'empêche nullement de communiquer, bien au contraire : il sait se faire comprendre.
Simplement, il va vous falloir apprendre à le regarder. Également, vous entendrez, non pas des sons (ou rarement) qui sortent de sa bouche, mais ceux qu'il produit autrement…

▼ Deux oreilles dressées pour une évaluation rapide d'un danger éventuel…

L'expression corporelle

Il dresse ses deux oreilles : il est un peu affolé, donc aux aguets.
Il aplatit sa tête contre le sol lorsque vous approchez la main : il veut un câlin… Attention, dans quelques secondes, il va s'installer bien confortablement afin de savourer vos caresses.
Il avance le menton : il inspecte les lieux.
Il tourne le dos : il boude, inutile de chercher à l'approcher.
Il tourne en rond devant vous : il essaie de vous séduire !

▲ En avançant le menton, on découvre bien mieux le monde…

▲ Allongé au sol sur le côté, le sommeil ne va pas tarder…

▲ Quand on est tout à fait détendu, quoi de mieux que de s'étaler de tout son long ?

Il tourne autour de vous : il vous dit qu'il vous aime, il s'agit là d'une parade amoureuse !
Il se jette au sol sur le côté : c'est l'heure de la sieste !
Il dresse une seule oreille : quelque chose l'intrigue ou il se méfie.
Il vous donne des petits coups de tête dans les chevilles : il veut attirer votre attention.
Il s'étale de tout son long : il est détendu au maximum !

Il pose ses deux pattes sur le bord de sa cage et vous fixe : il attend quelque chose de vous (nourriture, eau ou câlin !)
Il se met debout, se dresse sur ses deux pattes arrière : il a entendu un bruit nouveau, s'interroge…
Il frotte son menton contre vos meubles ou des objets : il se les approprie ! Il s'agit là du marquage de son territoire.
Il vous montre son profil : il est en train de vous regarder !
Il fait un saut de danseuse dans les airs : il s'agit d'un saut de joie, votre ami est au comble du bonheur !
Il se met en boule : il est triste.
Il vous lèche en retour d'un câlin : il vous remercie et vous câline à son tour. S'il cherche plus précisément vos oreilles pour les lécher, il est amoureux de vous (c'est ainsi que les lapins se témoignent leur amour) !

Les sons

Il grogne : il exprime son mécontentement.
Il pousse un cri aigu : attention, cela signifie qu'il éprouve une douleur vive (ne le soulevez jamais par les oreilles par exemple, ce qui est horriblement douloureux pour lui, la racine de celles-ci étant l'endroit où se régule la température de son corps, ainsi que le plus sensible de son anatomie), et cela n'est pas bon signe du tout, d'autant que la plupart des lapins émettent un son tel que celui-ci juste avant de mourir…
Il claque son écuelle très fort contre le sol : à table !
Il claque des dents lorsque vous le câlinez : c'est l'extase ! Cela équivaut au ronronnement du chat, donc signifie qu'il éprouve un plaisir extrême. Il vous fera ainsi savoir qu'il apprécie particulièrement l'une de vos caresses, de façon à ce que vous continuiez.
Il tape l'une de ses pattes arrière contre le sol : quelque chose lui déplaît ou le met en colère… Soit un indésirable se trouve sur son territoire, soit vous l'avez ignoré ou trop fait attendre pour lui servir son repas… Ou peut-être avez-vous eu un geste maladroit et donc douloureux pour lui…

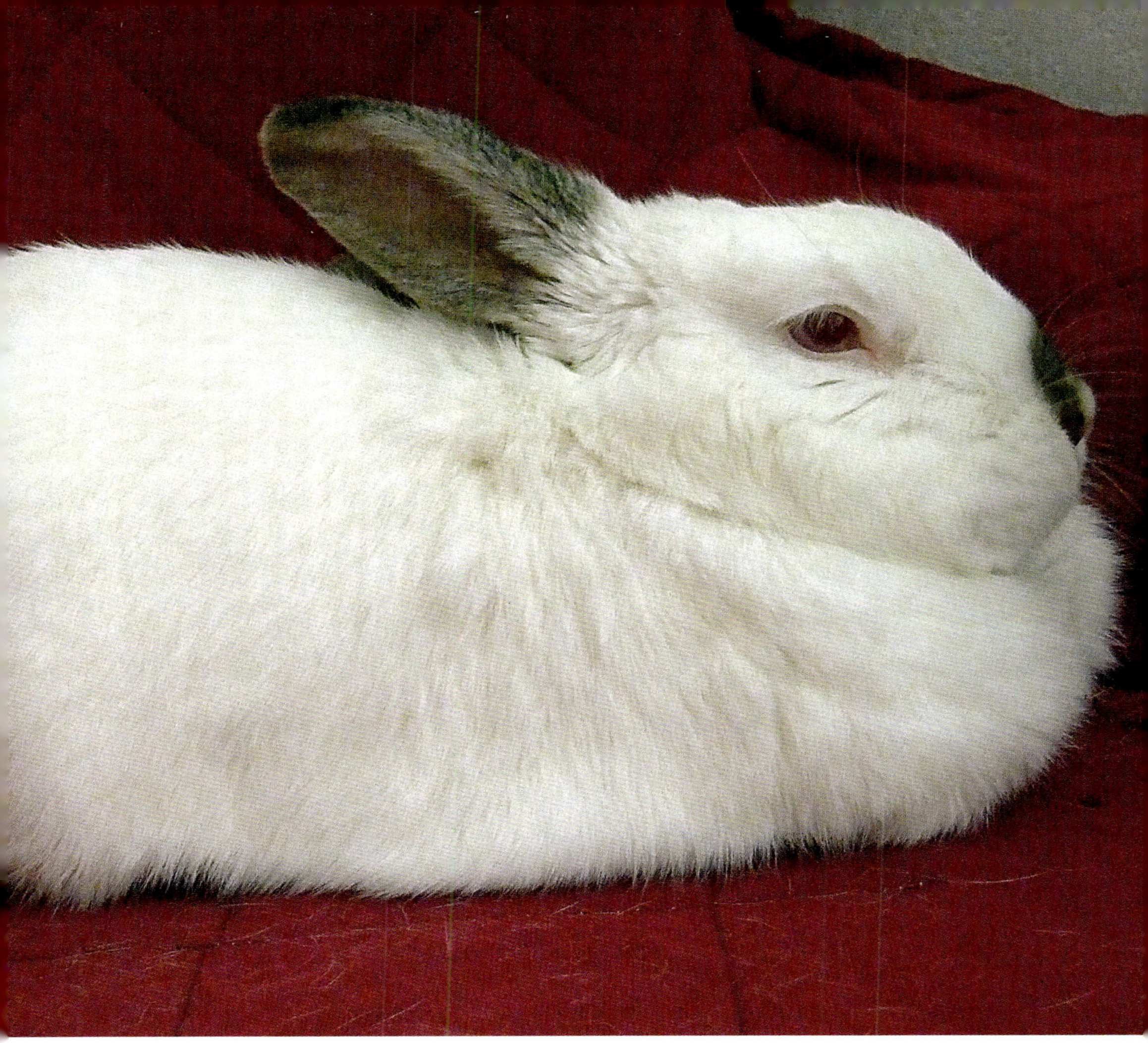

▲ Le lapin rentre sa tête dans ses épaules quand il est triste… comme nous le faisons nous-mêmes !

Il émet un son rauque et continu : il souhaite intimider un prédateur, il protège son territoire et les siens (donc vous !). Il émettra donc ce son très étrange dans des cas très rares : par exemple si un animal qu'il ne connaît pas se montre agressif ou essaie de l'intimider.

• Les techniques de bases d'obéissance

Il est difficile de faire obéir un lapin : celui-ci fera mine de ne pas vous entendre.
Toutefois, cela est nécessaire étant donné qu'il vit libre, tel un chat ou chien, et doit donc être logé à la même enseigne.
Surtout, ne le frappez jamais : sachez qu'il est parfaitement capable de comprendre le sens d'une dizaine d'ordres environ.

Il vous faudra donc l'éduquer jusqu'à l'âge de 6 mois, et parfois même après, car il se montrera désobéissant de temps en temps. Dans ce cas, plaquez doucement sa tête contre le sol durant quelques secondes, afin de lui rappeler que c'est vous (et non lui !) le maître des lieux.

« Non ! »

Le premier mot à lui faire comprendre sera bien sûr le « Non ! », qui doit être prononcé fermement quand il fait quelque chose qui ne vous convient pas. S'il persiste, recommencez le « Non ! » jusqu'à trois fois en haussant chaque fois plus le ton.
Enfin, il vous faudra peut-être ajouter son prénom (ex.: « Non, Léon ! »), mais si vraiment vous n'arrivez pas à vous faire entendre, utilisez son vocabulaire : tapez un coup très fort sur le sol avec votre pied (technique à n'utiliser que dans les cas extrêmes), il saisira

▼ Être aussi obéissant, ça donne droit à une bonne sieste dans un fauteuil, non ?

aussitôt votre mécontentement. Il y a alors de fortes chances pour qu'il se réfugie au fond de sa cage et se fasse oublier pendant quelques heures… Si tel n'était pas le cas, l'ultime solution est de plaquer doucement sa tête au sol.

« Sors de là ! »

Mettez-vous à courir derrière lui en criant ces mots, il fuira alors à toute vitesse et comprendra qu'il se trouve en lieu interdit.

« C'est bien ! »

À dire à chaque fois qu'il obéit (quand il rentre le soir dans sa cage par exemple). Associez le fait que vous le félicitez à une caresse.

« Va dans ta cage ! »

Pour le faire rentrer dans sa cage le soir, répétez à plusieurs reprises « Allez, va dans ta cage ! Allez, allez ! », avec une intonation de préférence un peu chantante, et éventuellement accompagné de battements de main. Vous instaurerez ainsi un rituel du coucher, à condition que vos mots, votre attitude et votre intonation soient toujours les mêmes : si vous changez ne serait-ce que cette dernière sans y faire attention (ou parce que vous êtes pressé ou agacé), votre lapin prendra un malin plaisir à vous désobéir — et donc vous faire courir derrière lui ! — jusqu'à vous faire enrager. La leçon à tirer de ceci est que vous obtiendrez absolument tout de votre compagnon, mais avec beaucoup de douceur et des rituels immuables.

« Viens ici ! »

Mettez-vous à sa hauteur, donc accroupi, et tendez les bras en le regardant, puis donnez de petites tapes contre le sol avec votre main. Les premières fois, vous pouvez vous aider d'un petit morceau de fruit pour l'attirer. Une fois qu'il est là, caressez-le sans oublier de le féliciter en même temps.

Une semaine après l'arrivée de votre lapin, la semi-liberté commence !

Le moment est venu pour votre nouvel ami de sortir de sa cage, où il a à présent bien pris ses repères. C'est ici que commence réellement votre histoire ensemble, et donc son éducation.

Éduquer votre lapin à la propreté

• L'utilisation du bac à litière

Un lapin fait ses besoins dans une litière, mais encore faut-il le lui apprendre, de même qu'on en a l'habitude avec les chats !
Quand on sait cela, cela fait réellement de la peine de penser à tous ces lapins dont on est habitué à voir les pattes jaunies par l'urine : une véritable aberration !
Que ce soit avec un lapin jeune (3 à 6 mois) ou un adulte, vous arriverez au même résultat avec plus ou moins de temps : cela dépendra de sa personnalité, en aucun cas de son âge. En revanche, la différence de rapidité d'apprentissage de la propreté variera souvent en fonction de sa provenance.

Avec un lapin acheté en animalerie ou chez un éleveur de races à viande

Dans ces deux cas, votre petit protégé n'aura pas connu le bac à litière.
Chez l'éleveur, il doit faire ses besoins où il peut, à même le sol de son clapier, ce qui explique l'odeur épouvantable qu'il dégage et la vilaine couleur du dessous de ses pattes.
En animalerie, il vit sur un lit de sciure de bois avec plusieurs congénères, et parfois même avec des cochons d'Inde. Naturellement, il se

► Propre je suis, et propre je resterai !

choisit un coin toilettes (souvent dans un angle) pour ne pas nager dans son urine. Cependant, avec plusieurs individus vivant au même endroit qui se choisissent le leur, il lui est impossible de circuler en restant propre... Aussi, le dessous de ses pattes n'a généralement pas non plus une couleur ni une odeur engageantes...
Une fois chez vous, il va prendre de nouveaux repères, et ce d'autant qu'il va rester un certain temps sans chercher à sortir de son abri. Cependant, vous serez contraint d'enfermer les plus aventuriers pendant quelques jours, car vous ne devez lui permettre de sortir que lorsque l'apprentissage du bac à litière est acquis.
Concernant les lapins vendus par des éleveurs de races à viande, le bac à litière sera souvent confondu avec le lieu où dormir, car dans un terrier, le lapin a sa « chambre », qu'il tapisse de feuilles pour un meilleur confort.
L'apprentissage sera donc un peu long, car il s'appliquera à faire ses besoins justement en dehors de sa litière.
Il en sera de même pour le lapin venant d'une animalerie, car il y aura confusion pour lui aussi.
De plus, ne connaissant pas l'utilisation du bac, et ce depuis leur naissance, ils auront pris de mauvaises habitudes.
Ainsi, pour éviter que votre lapin ne le prenne pour un lit bien confortable, voici la méthode à suivre : postez-vous un moment devant sa cage, et retirez-le systématiquement du bac lorsqu'il s'y couche. Puis, attendez le moment où il lève les fesses (c'est relativement fréquent, rassurez-vous !). Soulevez-le alors immédiatement, et mettez-le dans sa litière. Cette opération est à renouveler durant plusieurs jours, peut-être plusieurs semaines pour certains.
Également, n'hésitez pas à enlever avec de l'essuie-tout les crottes qu'il aura semées hors du bac, mais ne les jetez pas ! Attirez son attention en mettant votre lapin face à ce dernier, et en lui les montrant. Puis, déposez-les dedans.

▲ Le clapier chez un éleveur est hélas le pire habitat qui soit pour un lapin...

▲ Ce lapin de ferme a tant rêvé de confort qu'il a pris sa litière pour un petit lit bien douillet...

Néanmoins, certains lapins iront immédiatement faire leurs besoins dans leur litière : on peut donc imaginer combien ils auront souffert de devoir s'allonger dans leurs urines et leurs excréments jusque-là...

Avec un lapin acheté chez un particulier ou un éleveur de lapins de compagnie

Chez les personnes les plus au fait de l'éducation des lapins, vous trouverez la plupart du temps des animaux qui se servent déjà d'un bac à litière. Par conséquent, y étant déjà habitués, ils se comporteront de même chez vous.

Avec un lapin adopté dans un refuge

L'animal aura souvent été abandonné par des particuliers dépassés par manque d'information sur son éducation. Aussi, comme avec un lapin venant d'animalerie ou d'un élevage de race à viande, il vous faudra entreprendre de l'éduquer, cela n'ayant très probablement pas été fait par ses précédents propriétaires.

• La propreté à l'extérieur de son habitat

Une fois votre animal propre à l'intérieur de sa cage, il lui faut apprendre à y retourner pour faire ses besoins lorsqu'il est dehors. N'autorisez donc votre lapin à rester libre toute la journée chez vous que lorsqu'il en aura pris l'habitude.

Le premier jour, autorisez-lui une sortie d'une heure, et restez avec lui. Laissez-le 5 minutes à l'extérieur et remettez-le dans son bac à litière. Recommencez 5 à 6 fois cette opération.

Le lendemain, étendez la durée des sorties : 10 minutes, puis retour dans le bac, cela à plusieurs reprises. Puis, 15 minutes le jour suivant, etc.

Faites cela de manière progressive pendant plusieurs jours.

S'il y a un loupé ou si vous constatez qu'il lève les fesses alors qu'il est dehors, dites un « Non » ferme, et mettez-le immédiatement dans le bac à litière. Remettez devant lui les éventuelles crottes qu'il a semées à l'intérieur.

Enfin, ses poils étant plus fins que celui d'un chat, ils sont donc plus volatiles... Ainsi, il vous faudra le brosser de temps en temps, et avoir un aspirateur assez puissant. Comme tout animal, il perd des poils à longueur d'année. De plus, il mue deux fois par an : à ces périodes, vous devrez passer l'aspirateur quotidiennement pendant quelques jours (prenez votre mal en patience, cela ne dure pas, heureusement !).

Obtenir de votre lapin qu'il soit sage

Pour que votre lapin soit propre et sage, il y a quelques précautions simples à prendre. Vous éviterez ainsi les désagréments suivants :

• Il est très actif la nuit et fait beaucoup de bruit

Tout d'abord, ne placez pas la cage dans la pièce où vous dormez. Ensuite, prenez soin de l'enfermer chaque soir (ce que l'on appelle la semi-liberté) : cela évitera d'éventuelles bêtises dues à un trop-plein d'énergie (n'oubliez pas qu'à l'origine, les lapins sont des noctambules !) ou un sentiment de solitude.

▼▼ Des câbles masqués pour un lapin en sécurité et une déco raffinée !

• Il vous griffe involontairement

Un lapin ne griffe jamais de lui-même.
Vérifiez que ses ongles ne soient pas trop longs... Ainsi que cela est précisé plus haut, le mieux est de laisser faire le vétérinaire à chaque visite, voire de lui demander de vous apprendre le bon geste, car il n'est pas aisé de les couper soi-même, étant donné qu'il faut respecter une longueur bien précise.

• Il vous mord

Cela arrive dans de très rares cas. S'il charge, prenez vos précautions en ne laissant pas vos mains à sa portée, la morsure pouvant être très profonde.

• Il ronge

S'il a du foin à volonté, votre lapin ne rongera en principe pas. Toutefois voici quelques conseils :
- Il est fan du coton épais : préférez donc une matière synthétique pour vos housses de canapés, ainsi que des vantaux (plutôt que des rideaux) pour votre penderie.
- Il apprécie de sectionner les petits câbles électriques et de mordre les gros (ce qui pourrait le tuer) : gainez-les et n'en laissez pas à sa portée.
- Il raffole du papier : si vous possédez une bibliothèque, sachez que votre compagnon dévorera peut-être les livres qui s'y trouvent (mais au sens premier du terme !), optez donc pour des portes qui ferment la partie basse de votre meuble.
- Il aime le carton, attention à vos boîtes à chaussures posées à même le sol de votre dressing : placez-les plutôt dans votre penderie ou un meuble qui ferme.

▲ Voici un chemin semé d'embûches pour un lapin grimpeur… Découragé, il aura tôt fait de descendre de son perchoir… !

▲ Après l'effort, le réconfort d'un canapé bien moelleux !

- En matière de bois, c'est un connaisseur : il adore le bois massif et déteste le stratifié : une déco moderne sera donc idéale, mais si vous appréciez les antiquités, il faudra simplement lui interdire de s'en approcher, en prononçant un « Non ! » ferme dès qu'il avance son nez en direction du meuble.
- Les meubles qui ont des angles droits lui plaisent aussi beaucoup : préférez par conséquent les formes rondes (notamment pour vos tables) ou les angles arrondis.
- Si vous le surprenez en train de ronger votre tapisserie (des murs peints sont préférables) : dites un « Non ! » ferme et proposez-lui quelque chose à ronger (foin, morceau de bois), ou bien détournez son attention sur un jouet.
- Il déchire son paquet de granulés pour se servir lui-même : si, pour plus de praticité, vous souhaitez avoir sa nourriture à proximité de la cage, procurez-vous une grosse boîte en métal, idéalement une boîte de *Panettone*[3] (on en trouve dans les grandes surfaces au moment des fêtes), car sa contenance est parfaite pour un sac de 3 kg de granulés.
- Il aime le cuir… donc c'est mieux si vous n'aimez pas ça ! Ainsi, prenez garde à vos chaussures et sacs à main dans cette matière, rien ne doit traîner, ce serait trop tentant pour lui ! S'agissant des canapés dans cette matière, soit il n'y touchera pas (ce qui arrive parfois, surtout si celui-ci a beaucoup d'arrondis, voir photo ci-dessus), soit il faudra penser à en changer pour un autre en velours ou tissu.

[3] Brioche italienne aux raisins, fruits confits et zestes d'agrumes.

QUE FAIRE POUR QUE VOTRE LAPIN RESTE PROPRE ET SAGE ?

Limiter son stress

Laisser sa cage ouverte toute la journée

Lors de ses premières sorties, vous pourrez constater que votre animal définira rapidement un territoire dont les frontières, bien que virtuelles pour nous, sont tout à fait réelles pour lui. La dimension de celui-ci variera d'un individu à l'autre, de 20 m2 dans une pièce qui en compte 40, à la maison entière pour certains.
Très vite, il vaquera à la protection de son territoire, son occupation principale.
Vous ne serez alors plus le maître des lieux : votre ami n'hésitera pas à vous faire sentir d'un petit coup de tête dans les chevilles que vous êtes sur son passage et que vous devez vous pousser !
Il n'hésitera également pas à retirer de son territoire tout ce qui le gêne et n'a pas à s'y trouver : vos chaussons, une télécommande sur un fauteuil, un papier qui dépasse de la table... !
Ainsi, pour Monsieur Lapin, « il y a une place pour chaque chose, et chaque chose a sa place » !
Prenez toutefois l'habitude de l'enfermer dans sa cage le soir, de façon à ce que lorsque vous vous absenterez quelques jours, le confinement ne lui soit pas intolérable. Au moment du coucher, il vous suffira de l'appeler par son nom et de lui dire : « Va dans ta cage ! », pour que celui-ci s'exécute de bonne grâce... mais pas toujours ! Il prendra alors un malin plaisir à vous faire courir derrière lui, ce qui s'apparente à un jeu et gonfle son ego !

► Ce lapin a entendu qu'on l'appelle pour aller se coucher...

▼ Ce papier ne restera pas longtemps sur cette table... !

Le profil du maître idéal

• Une personne prête à s'investir à long terme

Un lapin vit longtemps : habituellement entre 7 et 12 ans, mais certains atteignent parfois l'âge plus qu'honorable de 15 ans !
Un lapin est sevré à 10 semaines. Jusqu'à 2 ans, il est jeune. Ensuite, son comportement change un peu, il devient plus calme. De 4 à 6 ans, il est en pleine force de l'âge. Au-delà, votre lapin commence à être âgé, mais cela ne veut pas dire pour autant qu'il va perdre de son énergie : cela dépend vraiment de chaque individu.

Les âges de la vie du lapin et leur correspondance avec l'humain

Lapins	Humains
6 mois	Environ 18 ans
1 an	Environ 24 ans
2 ans	30 à 40 ans
3-5 ans	50 à 70 ans
6-8 ans	70 à 90 ans
Plus de 8 ans	90 à 100 ans

• Un enfant de plus de 8 ans, un adolescent ou un adulte

Contrairement aux idées reçues, un lapin n'est pas adapté à de très jeunes enfants, car la fragilité de son squelette en fait un animal à manipuler à la fois avec de grandes précautions, mais aussi suffisamment de force. Il faut donc en choisir un d'une taille adaptée à celle de son maître : on privilégiera donc une race naine pour un enfant, et une race moyenne pour un adolescent ou un adulte. S'agissant des races géantes (6 à

▲ À 2 semaines, le bébé lapin voit, marche, et même court !

▲ À 10 semaines, le lapereau est sevré et peut quitter Maman Lapin.

▲ Un maître doux et tendre, c'est l'extase !

▲ Mais un maître qui est en plus attentionné, c'est le paradis !

10 kg), elles conviennent bien entendu uniquement à des adultes, et déjà bien familiarisés avec l'animal.
De même les races à poils longs qui requièrent un entretien important, et les lapins béliers (lapin aux oreilles tombantes), dont les oreilles nécessitent une surveillance et des soins particuliers, sont plus adaptées à des adolescents ou des adultes.

• Une personne présente à son domicile au moins 5 soirs par semaine

Le lapin déteste la solitude.

• Une personne affectueuse, ayant au moins 1 heure à lui consacrer chaque jour

Le lapin a besoin d'affection et recherchera la vôtre, certains d'entre eux pouvant même être de véritables pots de colle !

• Une personne aux gestes doux

Certaines parties de son corps sont très fragiles, telles que son squelette, ses oreilles, ses griffes...

▲ Quand la main aimante descend vers le sol pour distribuer des caresses...

• Une personne capable de maîtriser l'animal

Le lapin est capable de se débattre très vivement dans vos bras si vous ne l'avez pas correctement attrapé ; il faut alors suffisamment de force pour éviter qu'il ne tombe et ne se blesse.

• Une personne calme et peu bruyante

Vous aimez le calme ? Vous apprécierez son silence et lui le vôtre : il déteste le bruit (attention à la télévision ou à la musique un peu trop fortes...), et pour cause : son ouïe est six fois plus sensible que la nôtre !

• Une personne n'ayant pas de problèmes de dos ou de genoux

Le lapin n'aime en général pas être pris sur les genoux ; pour le caresser, il faut donc le placer près de soi ou le laisser à même le sol (ce qu'il préfère). Ainsi, il est nécessaire de pouvoir se baisser régulièrement pour maintenir le contact avec lui.

Ce qu'il faut faire

• Le porter correctement et le moins longtemps possible

Portez toujours votre lapin par le ventre, d'une main, et en tenant son arrière-train de l'autre. Le lapin étant de nature peureuse et ayant le vertige, prenez également l'habitude de bien le caler contre vous lorsque vous le prenez dans vos bras (placer sa tête sous votre aisselle peut alors être rassurant pour lui).

• Faire attention aux émotions fortes

Étant une proie dans la nature, il peut avoir un comportement nerveux instinctif, en réaction à une situation qui l'inquiète ou le dérange (rencontre avec un animal agressif ou autre). Il pourra alors s'en prendre à votre mobilier ou un tapis. Également, il est sujet à la dépression, et peut même aller jusqu'à se mutiler en se mordant. Pire, l'arrêt cardiaque est fréquent chez cet animal en cas de grande frayeur... Dans le meilleur des cas, il peut aussi le

▼ La tête câlée sous l'aisselle d'un humain, plus de vertige possible pour notre ami !

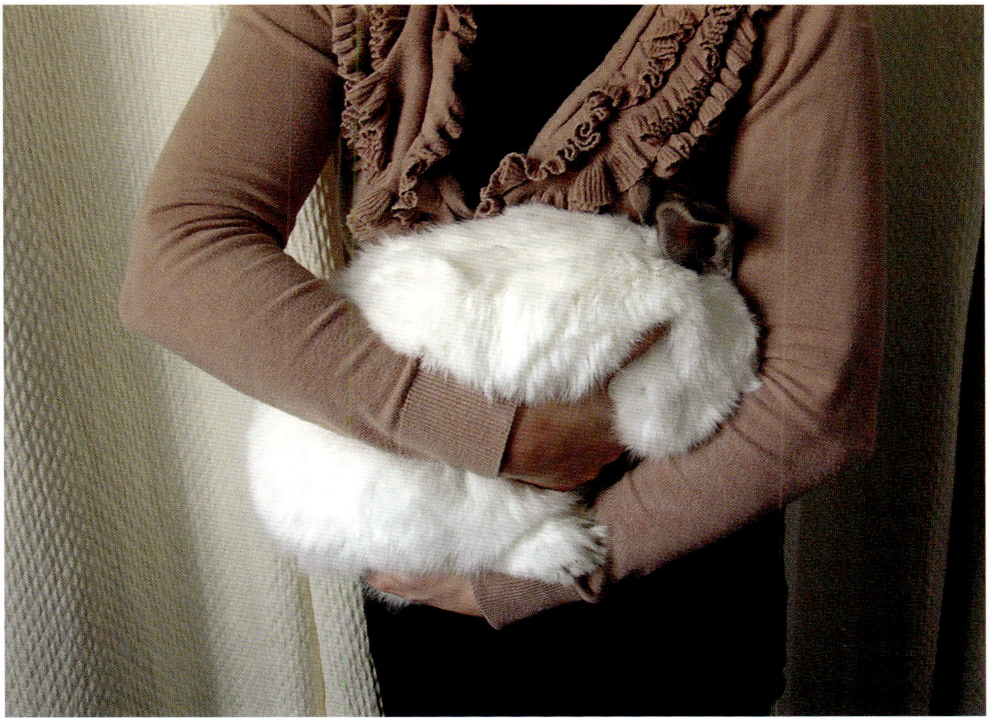

simuler, afin de dissuader son prédateur potentiel de s'en prendre à lui (il s'allonge d'un coup sur le côté et fait le mort), mais il ne faudra alors pas minimiser le risque de trauma psychologique.

• Lui apporter l'attention et l'affection dont il a besoin

Le lapin adore qu'on lui gratte les joues, parfois le ventre, qu'on lui caresse (mais jamais sous le menton ou à contresens du poil) le dos, le front, et plus que tout qu'on lui prenne la tête tout entière d'une main assez ferme mais souple, en partant du bas de son museau et en remontant le long de ses oreilles.

• Déceler chez une femelle une éventuelle grossesse nerveuse

La lapine y est souvent sujette.
Elle pourra se montrer agressive et/ou essayer de gratter avec insistance le sol de sa cage, ce qui équivaut à tenter de creuser un terrier...
Il se peut aussi qu'elle retourne son bac à litière pour en vider le contenu et s'approprier le contenant, afin d'en faire un nid ; elle mettra alors en morceaux le plastique du sac poubelle qu'elle recouvrira de poils arrachés de son ventre pour le rendre confortable.
La stérilisation sera alors à envisager.

• Le laisser chez vous pendant vos vacances

C'est la meilleure solution, car le lapin n'aime pas les changements de territoire.
En effet, cela pourrait énormément le perturber, au point qu'il refuse de s'alimenter. Choisissez donc de faire venir quelqu'un chez vous (tous les 2 à 3 jours) pour remplir ses écuelles, son distributeur à foin, son biberon, éventuellement changer sa litière, et lui permettre de sortir un moment pour se dégourdir les pattes.

À noter : prévoyez (en fonction du poids de votre animal) de grandes quantités tant pour les granulés (2 à 3 grosses poignées/ jour) que pour l'eau (20 à 25 cl/jour).

▲ Lequel de ces deux jouets choisir ? Et puis, pourquoi choisir d'ailleurs ?

• Lui permettre de faire du sport et de jouer

Autorisez à votre lapin de folles courses (surtout avant l'âge de 2 ans) et proposez-lui des jouets (balle, rouleau vide de papier toilette...).

▲ Le brossage s'impose quotidiennement pour notre ami tête de lion au poil angora

Ce qu'il ne faut surtout pas faire

• Le faire vivre en extérieur dans un clapier (même le plus luxueux)

Chaleur, soleil, pluie, humidité, vent, froid, puces, moustiques, et prédateurs volants ou terrestres… autant de manières d'en faire un animal complètement stressé, et surtout de le condamner à une vie très brève (6 mois à un an maximum)…

Ne perdez jamais de vue qu'un lapin vit naturellement — et pas par hasard — dans un lieu hyper-tempéré (20 °C été comme hiver), sombre et sec, en raison de sa nature très fragile, et à l'abri des mauvaises rencontres : son terrier !

• Le laisser se promener dehors lorsqu'il pleut ou qu'il fait très froid, ou en plein courant d'air

Attraper un rhume pourrait être très grave pour votre lapin, voire mortel.

• Le laisser dehors l'été lorsqu'il fait plus de 28 °C et qu'il n'a pas la possibilité de se mettre au frais (arbre...)

Il peut mourir en quelques minutes d'un coup de chaleur. Il faut savoir qu'un lapin souffre déjà à partir de 25 °C.

• L'attraper par les oreilles

Contrairement aux idées reçues, c'est extrêmement douloureux pour lui, car la température de son corps est régulée à la racine de celles-ci.

• Oublier de brosser un lapin angora

Les nœuds qui se formeraient empêcheraient sa peau de respirer, et seraient à l'origine de problèmes dermatologiques assez sérieux. De même, le lapin ne pouvant pas vomir, il pourrait lors de sa toilette ingurgiter une trop grande quantité de poils et ainsi risquer l'occlusion intestinale.

• Changer sa marque de granulés sans transition

Vous rendriez votre animal malade presque à coup sûr (diarrhée). Si vous y êtes néanmoins obligé, n'oubliez pas d'acheter la nouvelle marque avant qu'il ne vous reste plus beaucoup de l'ancienne, de manière à proposer à votre lapin un mélange des deux durant plusieurs jours (5 à 6 repas) pour une transition correcte.

• Mettre la musique ou la télévision trop fort, ou encore bricoler (marteau, perceuse, scie sauteuse...) près de lui

Le lapin déteste le bruit, et peut par conséquent devenir irritable et faire des bêtises.

• Recouvrir de sciure le fond de sa cage

Outre le fait que l'éducation à la propreté aurait donc été inutile, le contact prolongé de celle-ci sous ses pattes lui est relativement désagréable.

• Le laisser seul plus d'une semaine

Jusqu'à 7 jours sans vous, le lapin ne se rend pas compte du temps écoulé, mais au-delà il commence à se sentir vraiment seul et risque de se laisser mourir de faim.

▲ Des fanes de radis bien verts, parfaits à consommer !

Ce qu'il faut surveiller attentivement

• L'alimentation

Les aliments à proscrire

La liste qui suit n'est pas exhaustive, mais ne donnez jamais ces aliments au lapin, sous peine de mettre en danger sa santé :

- pommes de terre, fanes de radis jaunis, feuilles de laurier, noisettes
- pain, biscottes et produits apparentés, biscuits, chocolat (dont ils raffolent et qu'ils viendront quémander, mais extrêmement mauvais pour leur organisme : vous condamneriez votre lapin à une vie très brève).

Les aliments à éviter

- la laitue
- toutes les friandises pour lapins vendues dans le commerce (à ne donner qu'exceptionnellement une à deux fois par an).

• L'hygiène

L'hygiène personnelle

De ce côté-là, vous n'aurez pratiquement rien à faire : le lapin fonctionne exactement comme un chat.

Comme ce dernier, il se toilette, mais beaucoup plus précisément, donc bien plus longuement : cela occupe environ deux bonnes heures de sa journée, votre compagnon étant un véritable maniaque ! Vous n'aurez donc à le laver vous-même que dans de très rares cas : une diarrhée par exemple ; il vous suffira alors de nettoyer ses pattes et son arrière-train, en procédant comme suit:

• Munissez-vous de savon de Marseille (de ménage, surtout pas de savon plus élaboré), d'un gant, ainsi que d'une grande et épaisse serviette éponge.

• Dépliez celle-ci sur un endroit plane, afin de poser votre lapin dessus après sa toilette et de le recouvrir immédiatement pour qu'il n'attrape pas froid.

• Faites couler l'eau et assurez-vous qu'elle soit assez chaude : un peu plus que pour vous, car la température normale d'un lapin est supérieure à la nôtre (38 °C).

• Attrapez votre lapin et placez-le dos contre vous, pratiquement debout (sans le plaquer tout à fait pour respecter la courbe de son dos). Maintenez-le très fermement sous les pattes avant (sans l'étouffer bien sûr) : ses pattes arrière doivent reposer dans le lavabo.

- Mettez-en une sous le jet puis, une fois bien humide, frottez au savon avec le gant.
- Rincez longuement : il ne doit pas rester de savon.
  Si nécessaire, répétez l'opération avec l'autre patte, ainsi que les pattes avant.
- Finissez en procédant de même avec son arrière-train, que vous n'hésiterez pas non plus à placer directement sous l'eau, afin de le mouiller dans un premier temps, puis de le rincer.
- Aussitôt le nettoyage terminé, posez-le sur la serviette ; entourez-le de celle-ci et épongez l'eau rapidement en frottant les poils.

▲ Le matériel est installé, la toilette peut commencer !

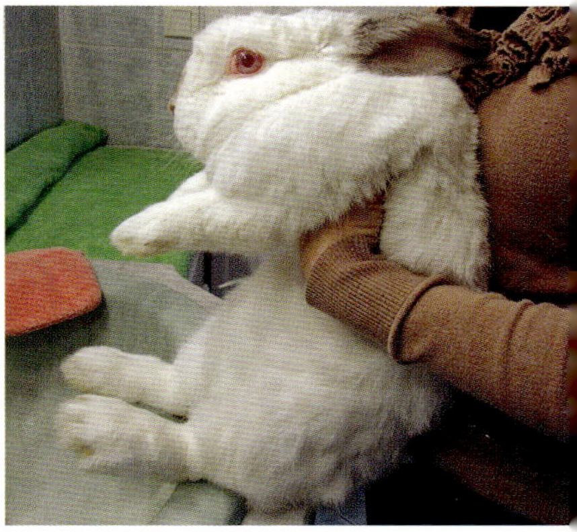

▲ En position, prêt, partez !

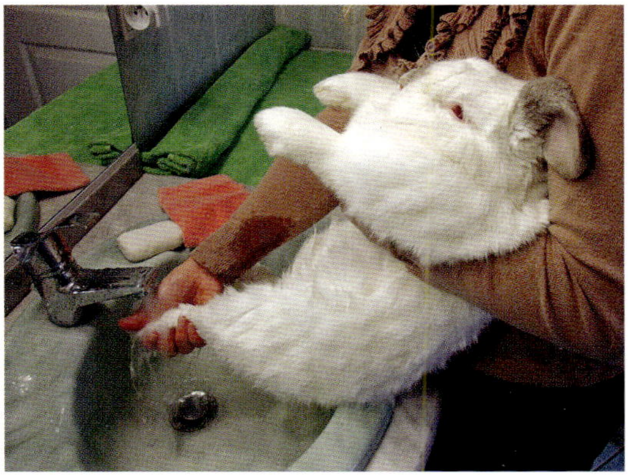

▲ Et une patte nettoyée !

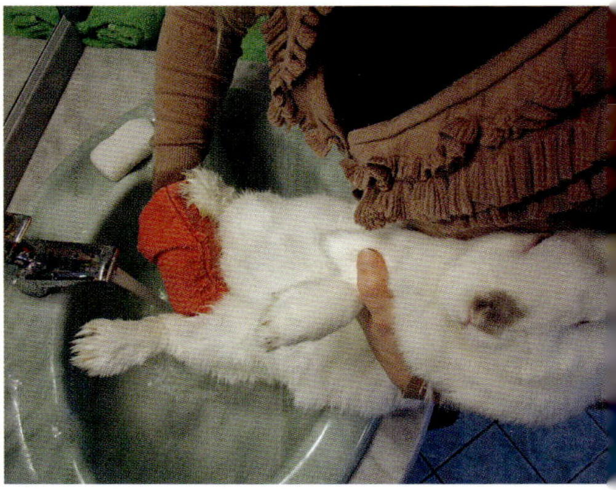

▲ Changement de position pour laver l'arrière-train…

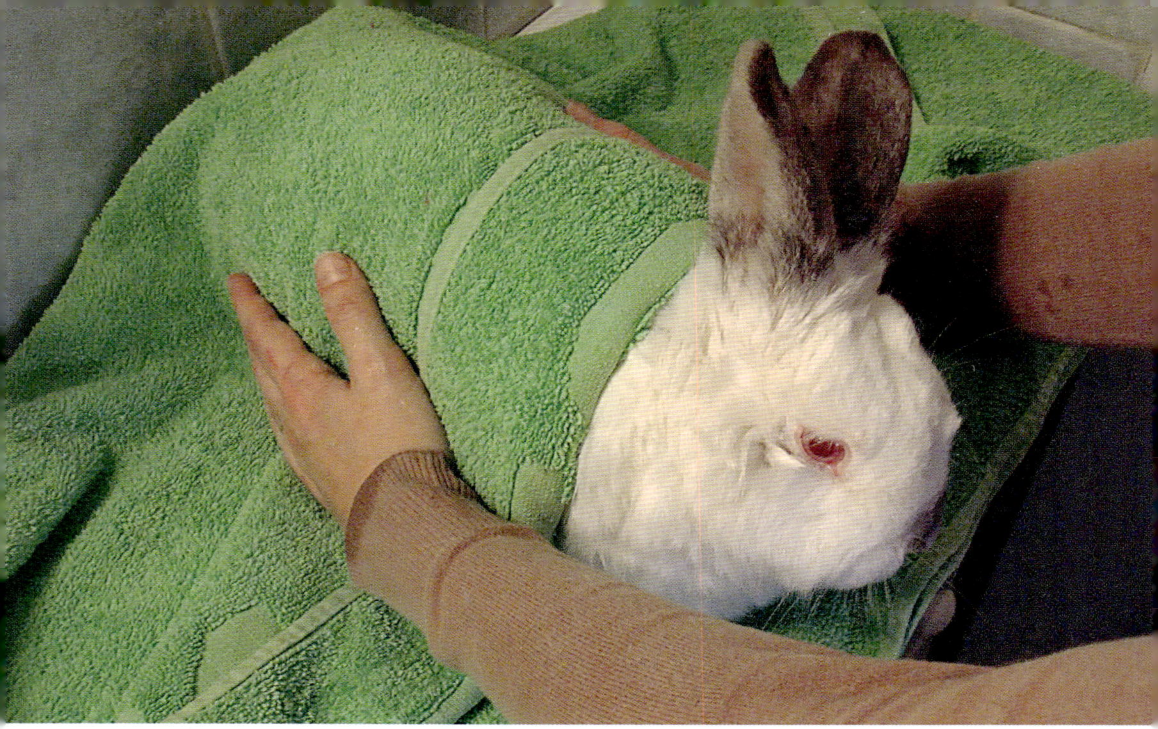

▲ Et hop, une serviette sur le dos pour éviter un rhume ! Et on en profite pour quelques caresses pendant le préséchage…

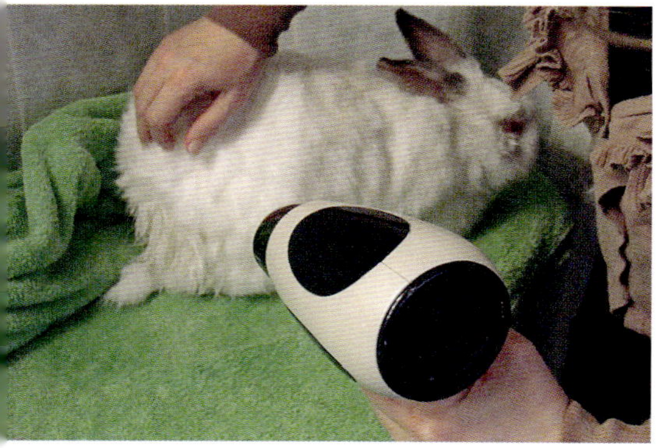

▲ Le séchage se termine au séchoir, et la star peut gambader à nouveau !

- Veillez à ce qu'il reste couvert durant toute l'opération.
- Enfin, séchez-le avec un sèche-cheveux (température moyenne), en prenant soin de placer l'appareil à bonne distance pour ne pas le brûler.

Le nettoyage de sa cage

Fréquence : tous les 4 à 8 jours, en fonction de la taille de votre animal et du temps qu'il passe au jardin.

Durant toute l'opération de nettoyage, votre lapin ne doit pas être dans sa cage ; néanmoins, il viendra presque à coup sûr observer ce que vous faites, et voudra même intervenir en y retournant. Repoussez-le alors gentiment, mais fermement.

Concernant le bac, retirez le sac plastique à l'envers, de façon à récupérer en un seul geste la litière usagée.

Ensuite, versez un peu de vinaigre d'alcool (détartrant, désinfectant et non toxique) dans le fond, vous verrez le liquide blanchir. Laissez agir quelques instants, puis nettoyez avec de l'essuie-tout ou un tampon vert. Rincez bien et séchez.

À titre informatif, sachez que la litière d'un lapin ne dégage pas d'odeurs ; il faudrait vraiment attendre très (trop) longtemps pour en sentir une. Et dans ce cas, votre ami se refuserait à continuer de faire ses besoins dedans : il choisirait alors un autre endroit de sa cage et là, sans sciure pour l'absorber, l'odeur serait véritablement insupportable.
S'agissant de la cage elle-même, on retirera les amas de foin que votre lapin aura pris soin de tasser contre les bords de celle-ci, puis on passera un coup d'aspirateur pour enlever les éventuels poussières, poils et copeaux. Là encore, on utilisera du vinaigre d'alcool et on laissera sécher.
On terminera en nettoyant et rinçant longuement les ustensiles (écuelle, biberon...).

Important
Seuls le vinaigre blanc et le savon de Marseille peuvent être utilisés. L'eau de Javel est à proscrire absolument, sauf si votre lapin est atteint d'une maladie telle que la myxomatose.

• La santé

Un lapin en bonne santé (physique, autant que psychologique) ne commettra pas de dégâts dans votre intérieur.

▲ Le retrait du sac à l'envers, c'est simple comme bonjour !

Attention aux animaux de race provenant de l'étranger, ils sont souvent très stressés du fait qu'ils ont été enlevés à leur mère trop tôt, mais aussi par le voyage...
Il vous faudra donc faire preuve de patience pour que votre lapin se sente en confiance et s'apaise.
De même, s'il a été en contact avec un certain nombre de congénères, il peut arriver chez vous malade (notamment atteint de la gale des oreilles), mieux vaut donc faire contrôler son état de santé par un vétérinaire le plus tôt possible après son arrivée chez vous.
Le lapin étant particulièrement fragile, il vivra cependant vieux et en bonne santé, si vous faites preuve de vigilance.

Prendre des précautions de base

Au sol...

Les détergents pour les sols peuvent être nocifs pour votre compagnon ; préférez donc les produits « verts » et prenez soin de l'enfermer dans sa cage pendant le ménage car, en général, les lapins adorent l'aspirateur (normal, ils sont maniaques !) et voudront vous suivre partout (et encore plus lorsque vous déplacerez vos meubles : ils adorent ça !). Une fois le sol lavé, rincez-le et attendez qu'il soit bien sec avant de rouvrir la cage.

▼ Un autocollant pour vitres contre les mouches se place côté intérieur d'une fenêtre, et assez haut pour que Monsieur Lapin ne puisse y mettre son nez !

▲ Une moustiquaire sur la cage, et l'été peut commencer !

Enfin, n'oubliez pas que le lapin est d'une nature curieuse, et que quand il s'interroge, il goûte... ! Ne laissez donc pas traîner par terre (ou dépassant d'une table) de papiers imprimés, journaux, en raison de la nocivité de l'encre. De même, ne laissez pas de produits d'entretien à même le sol.

Contre certains insectes...

Il vous faut le protéger au maximum de ceux qui peuvent lui transmettre la myxomatose, à savoir les mouches, les moustiques et les puces. Toutefois, tout insecticide (prise, spray...) est à bannir *absolument*, étant donné sa dangerosité pour votre animal. S'agissant des mouches, optez donc pour des pièges autocollants sur les vitres de vos fenêtres.

En ce qui concerne les moustiques, vous pouvez placer durant l'été et le début de l'automne une moustiquaire au-dessus de sa cage (celles qui s'adaptent aux fenêtres sont en général de la bonne taille), afin de limiter l'intrusion de l'insecte.

Si vous possédez un jardin, il est susceptible d'attraper des puces, lesquelles transmettent aussi la myxomatose. On utilisera donc des pipettes anti-puces pour chats à déposer dans la nuque (demandez à votre vétérinaire, qui vous fournira un produit adapté au poids de votre animal).

De même, au printemps et à l'automne, s'il vit dans un clapier (avec ou sans enclos), placez une moustiquaire (pour lit 2 places) au-dessus de son habitat.

Pour un air de qualité...
Pas d'humidité, ni de courants d'air : le système respiratoire des lapins est très fragile. Lorsqu'il fait très chaud (30 °C et plus), que ce soit chez vous ou lorsque vous le laissez se balader à l'extérieur, pensez à le rafraîchir deux à trois fois dans la journée à l'aide d'un vaporisateur ou d'un brumisateur.
De même, il faut veiller à l'absence de microparticules dans l'air (donc pas de fumée de cigarette, encens, sprays désodorisants...).

Contrôler chaque semaine :
- la taille de ses dents
- celle de ses ongles, car s'ils sont trop longs, ses déplacements seront très inconfortables, et ils pourraient se casser, ce qui est extrêmement douloureux : demandez donc à votre vétérinaire de les lui couper ou de vous apprendre à le faire, car il s'agit d'une opération délicate et vous pourriez lui faire très mal
- ses oreilles (en particulier chez les lapins béliers[1]), afin de prévenir la gale ou une otite (s'alerter à ce sujet si elles sont très sales, si le lapin se gratte beaucoup et/ou si vous le voyez les secouer souvent)
- ses selles, qui doivent être majoritairement parfaitement rondes et dures (à l'exception de certaines, molles et appelées « caecotrophes », qui sont destinées à être réingurgitées). En cas de diarrhée, mettez une pointe de couteau de la poudre d'une gélule d'*Immocaps*[2] dans un fond de biberon d'eau
- la présence de foin à proximité de lui en permanence (le lapin est un animal dont le transit ne doit pas cesser).

---

[1] Lapins aux oreilles tombantes.
[2] Médicament contre les diarrhées, fréquemment prescrit aux humains.

▲ La consultation du dentiste ? C'est à la maison, une fois par semaine.

Envisager sa stérilisation

Si votre lapin a désormais compris où il doit faire ses besoins, il n'en demeure pas pour autant un autre phénomène à prendre en compte : le lapin marque son territoire en déposant son odeur, lorsqu'il frotte son menton sur quelque chose (ou quelqu'un !), mais aussi parfois en laissant sur son passage quelques crottes, de façon à montrer à tout individu (de son espèce ou non) que la place est prise.

Ce comportement cesse en général après la stérilisation ; vous devrez donc peut-être y avoir recours. Également, il est à noter que l'odeur de l'urine de votre animal sera moins forte après celle-ci.

Pour autant, sachez qu'il existe chez le lapin un plus grand risque de mortalité liée à l'anesthésie que chez les chiens ou chats. Aussi, il sera

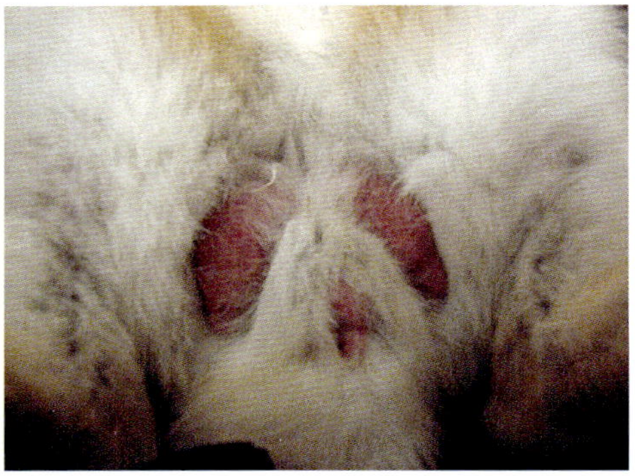

▲ Des kystes roses sur les testicules signent hélas la présence du virus de la myxomatose dans l'organisme...

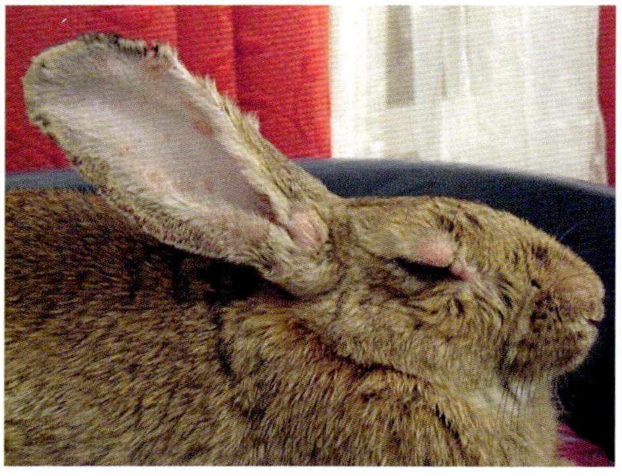

▲ Les kystes aux paupières et aux oreilles arrivent en suivant...

préférable de faire pratiquer la stérilisation par un vétérinaire qui connaît bien les NAC[3].
Cela est particulièrement vrai pour les femelles, dont l'intervention, plus longue, requiert une dose plus importante d'anesthésiant. Toutefois, grâce à ce geste chirurgical, les lapines ne développeront pas de cancer de l'utérus, très fréquent habituellement.

Consulter votre vétérinaire de toute urgence si :

• Ses paupières sont un peu boursouflées et/ou s'il présente des « kystes » (myxomes) à l'intérieur des oreilles ou/et sur les parties génitales : il s'agit là des premiers signes de la myxomatose.
Sachez qu'il arrive que la maladie se déclare bien que votre animal ait été vacciné (et même si vous l'avez fait faire au moment le plus propice, c'est-à-dire mars-avril). La raison en est simple : de même que pour la grippe des humains, il existe plusieurs virus pour cette maladie, et le vaccin n'est efficace que contre quelques-uns. De plus, le virus mute avec le temps.
Dans le cas où votre lapin déclarerait cette maladie, refusez l'euthanasie, à moins que l'état de santé de votre ami ne se dégrade d'une manière fulgurante : un lapin a 10 % de chances d'en réchapper, et ce n'est pas rien ! Voyez ci-contre, un exemple de survivant, dont il ne reste de ce difficile moment qu'une cicatrice sur le nez.
En effet, il peut donc s'en sortir, à condition que vous l'emmeniez chez votre vétérinaire dès l'apparition des premiers symptômes (paupières gonflées, kystes sur les parties génitales et/ou à l'intérieur des oreilles), que vous vous astreigniez à lui prodiguer tous les soins nécessaires (un véritable *nursing*), et surtout que son organisme soit suffisamment costaud.

• S'il éternue à plusieurs reprises dans une même journée : un rhume peut lui être fatal.

[3] Nouveaux Animaux de Compagnie.

• S'il souffre de diarrhées : le lapin peut mourir en une heure de temps, sans que vous ne remarquiez de signes de faiblesse chez lui, parce qu'il ne montrera rien, c'est justement sa particularité.
• S'il a cessé de s'alimenter (il a peut-être avalé une boule de ses poils ; le lapin ne vomissant pas, on peut craindre une occlusion intestinale).
• Si vous constatez que son ventre est très dur, rond et ressemble à un ballon de rugby (ce qui est d'une extrême gravité).
• Si vous le trouvez un jour dans un endroit où il ne va pas d'habitude et qu'il vous semble faible, calme ou prostré : attention, le lapin choisit toujours un lieu inhabituel s'il sent qu'il va mourir.

◀ Cette lapine, pourtant vaccinée, a attrapé la myxomatose, de même que son frère et sa sœur, mais ils ont survécu grâce à beaucoup d'amour et de soins.

• La vie sociale

L'entente avec les autres animaux domestiques

Circulant librement dans votre intérieur, votre animal se liera souvent d'amitié avec les autres « poilus » de la maison, parfois même jusqu'à nouer des liens très forts.

Ainsi, il n'est pas rare de voir un chat dormir couché contre un lapin, ou bien face à lui dans la cage de ce dernier. De même, on pourra voir un lapin se blottir contre un chien.

Souvent, c'est votre ami aux grandes oreilles qui prendra le commandement de la maisonnée, car il faut le savoir, il est très autoritaire : c'est lui le maître, et les autres n'ont qu'à bien se tenir !

Il n'hésitera donc pas à charger gentiment un intrus qui viendrait s'installer sur l'immense tapis du salon (où il y a de la place pour quatre !), afin de le faire déguerpir, s'il s'agit de son territoire !

De même, prenez l'habitude de servir le repas d'abord au premier habitant de la maisonnée et finissez par le dernier. Un conseil supplémentaire : servez-les avant vous, sinon vous risquez de vivre un enfer avec la pression qu'ils vont vous mettre !

Le lapin a un ami favori : le cochon d'Inde ! Ils peuvent même devenir inséparables. Mais ce duo ne semble pas l'idéal avec un lapin vivant en semi-liberté : votre compagnon a besoin d'aller et venir à tout moment dans sa cage pour se nourrir et faire ses besoins, ce qui vous oblige à la laisser ouverte... Le cochon d'Inde pourra alors en sortir, mais l'hygiène de ce dernier est très relative... Il pourrait même faire perdre ses bonnes habitudes à votre compagnon...

▼ Pas besoin de mots pour se comprendre, un regard suffit !

D'une manière générale, le lapin s'entend avec tous les autres animaux domestiques (à l'exception du furet, très dangereux pour lui), et c'est bien normal, puisqu'il n'est pas un prédateur ; il a donc un comportement très pacifique.

Ainsi, dans la nature, il n'est pas rare d'observer des oiseaux et lapins manger ensemble, à seulement quelques centimètres les uns des autres.

▲ Que c'est agréable, les après-midi entre amis !

Plusieurs lapins chez vous en semi-liberté
Oui, s'il n'y a personne durant la journée chez vous et que vous vous absentez souvent le week-end. Cela évitera que votre compagnon ne déprime et, dans les cas les plus sérieux, ne se laisse mourir...
Oui, si vous ne craignez pas l'abondance de poils dans votre pièce à vivre ou êtes prêt à passer l'aspirateur tous les jours.
Oui, si vous ne voyez pas d'inconvénient à ce qu'il soit un petit peu moins proche de vous, car seul, il sera vraiment fusionnel avec vous et vous sollicitera beaucoup plus.
Oui, si vous êtes prêt à en assumer les conséquences, à savoir un budget alimentation et santé doublé (ou triplé s'ils sont trois), de même que le temps à prévoir pour l'entretien de la cage. Le bac à litière, quant à lui, sera changé deux (ou trois) fois plus souvent en toute logique (vous avez aussi la possibilité d'en mettre deux ou trois dans leur habitat).

▲ Comme c'est bon des bisous d'amoureux... !

▲ Et quel bonheur d'être deux !

▲ Prière de ne pas déranger...

Deux lapins

- **Un couple :** c'est vraiment ce qu'il y a de mieux ! En effet, le lapin est fait (sauf cas rares) pour la vie de couple. Cela assure même aux animaux une plus grande longévité. Vous les verrez alors se papouiller, se câliner à longueur de journée, un spectacle vraiment très attendrissant !
- **Deux mâles :** à éviter très fortement. Ils voudront décider de celui qui est le dominant et ce sera la catastrophe, car ils chercheront mutuellement à se castrer et peuvent aller jusqu'à s'entretuer.
- **Deux femelles :** déconseillé, sauf si elles sont sœurs et n'ont jamais été séparées. On pourra même les faire cohabiter avec un mâle.

Trois lapins : un mâle et deux femelles

C'est envisageable si les femelles sont sœurs et ont grandi ensemble.

Jamais plus de trois sur le même territoire

Bien que les lapins vivent en colonie dans la nature, il est déconseillé de tenter de faire cohabiter plus de trois animaux ensemble, ce afin d'éviter des bagarres.

Si pour une raison ou une autre vous souhaitez adopter plusieurs mâles, il faudra faire très attention à ce qu'ils ne se rencontrent jamais, chose possible si votre maison comporte plusieurs niveaux, et que l'on y accède par un escalier carrelé ou en bois (et non moquetté ou cimenté) qu'ils n'emprunteront pas car ils craindront de glisser.

▲ Des frères et sœurs, c'est sacré !

Offrir à votre lapin une vraie qualité de vie

L'accès au jardin

Enfin, si vous disposez d'un jardin, d'une cour ou d'un grand balcon, vous pouvez aussi envisager, lorsqu'il fait beau, de laisser gambader votre animal à l'extérieur, mais en votre présence s'il y a un risque qu'il s'égare.

Votre petit compagnon saura rapidement vous faire savoir s'il souhaite sortir : de même que les chats, il se postera devant la porte (ou la baie vitrée) qui accède à l'extérieur, pour que vous la lui ouvriez. Si celle-ci est déjà ouverte, il sortira sans même que vous ne vous

▲ Monter et descendre des escaliers, rien de plus amusant !

▲ Piscine hors sol, mobilier de jardin en métal, plantes en hauteur, buis artificiel, arbre au feuillage généreux et palace de demi-saison : lapins et humains partagent un jardin en toute sécurité et harmonie !

en aperceviez tant il est discret. Aussi, si vous souhaitez en contrôler l'accès, les barrières pour jeunes enfants sont idéales. Sachez également qu'un escalier ne l'arrêtera pas, au contraire : c'est un animal agile et joueur qui appréciera beaucoup de s'amuser à monter et descendre les marches.

D'autres précautions sont à prendre : gare à vos plantes, n'oubliez pas que les lapins sont des herbivores ! Il vous faudra donc enlever tout ce qui peut être au ras du sol pour ne pas le tenter ; des pots très hauts (plus de 60 cm), des suspensions, et autres buis artificiels seront vos alliés, tout en agrémentant joliment votre extérieur.

Également, tout potager doit être protégé, afin d'en empêcher l'accès : les lapins ne mangent pas que des carottes, contrairement aux idées reçues. Ils adoreront vos fraises, tomates, salades, endives et autres !

Le positif dans tout cela, c'est qu'ils sont d'excellents jardiniers et s'occuperont habilement de votre pelouse et des mauvaises herbes ! En

▲ De même, il sera difficile pour un lapin d'accéder à ce potager… !

► Attention à la discrétion de l'entrée d'un terrier…

effet, pour peu que vous en ayez trois (de taille moyenne) et 100 m^2 de terrain, celui-ci ressemblera à un véritable terrain de golf ! Attention par conséquent à ne *jamais* traiter[4] votre jardin !
Ainsi, pour vous, finie la corvée de tonte ; oubliée, la débroussailleuse !
Pour remercier votre ami de ses services, autorisez-le (si vous en avez la place) à creuser son terrier : son bonheur sera alors complet !
Du point de vue esthétique, vous n'avez rien à craindre : l'entrée de celui-ci sera cachée, mais aux abords de cette dernière, prenez garde : marcher trop près pourrait la faire s'effondrer, car la couche de terre peut y être très fine (donc friable) et vous en seriez quitte pour une belle entorse… !
Enfin, lorsqu'il pleut, toute sortie est à proscrire : l'humidité sur les pattes n'est pas du tout bonne pour lui.

La résidence secondaire, le nec plus ultra

Vous pouvez tout à fait installer un clapier pour votre compagnon dans un jardin ou une cour, afin qu'il y passe le printemps et le début de l'automne.
Mais attention, sa constitution nécessite qu'il vive dans un lieu tempéré (environ 19 °C) ; un clapier ne sera donc pas un abri approprié durant les mois d'hiver (même protégé par une housse spécialisée) ni durant les grosses chaleurs de l'été.
En effet, le lapin « souffre » de la température extérieure en dessous de 10 °C, de même qu'au-dessus de 25 °C.
Le clapier sera donc uniquement une résidence secondaire pour

[4] Ne pas utiliser de produits chimiques (produits contre les limaces, désherbants et autres pesticides).

votre ami, et il vivra les deux tiers de l'année chez vous.
De même, cet habitat n'est à envisager qu'à condition que vous puissiez (comme dans votre intérieur) le laisser libre d'en sortir durant la journée, ce afin de lui permettre de courir.
Cela signifie donc que votre cour ou votre jardin doivent être tout à fait clos, de façon qu'il ne puisse s'égarer.
Votre portail sera donc systématiquement refermé après que vous l'ayez ouvert.
Quant à votre terrain, il sera idéalement délimité par un muret assez haut, car votre lapin aura peut-être envie d'agrandir son territoire...
Et il n'hésitera alors pas à creuser une galerie sous un grillage... !

• Choisir un clapier

S'agissant des clapiers (avec ou sans enclos) vendus dans le commerce, ils sont en général trop petits, ils sont donc à proscrire à moins que votre compagnon soit de race naine.

▼ Ce lapin pourrait bien s'être échappé chez le voisin d'à côté...

Quant aux clapiers de taille maximale (vendus sur Internet), étant donné la largeur un peu juste de l'accès à la maison du dessus, ils ne conviennent qu'aux lapins pesant au maximum 6 kg. Par ailleurs, y ajouter un enclos sera nécessaire si vous avez trois animaux (et ce, quelle que soit leur taille).

• L'enclos

N'achetez pas d'enclos à ciel ouvert, de manière à protéger votre ami de mammifères capables de sauter et de certains oiseaux (buses...), lesquels pourraient s'attaquer à lui...
Accolez votre enclos au clapier et pensez là aussi à le poser sur une surface plane, pour éviter que le lapin ne le troue, comme vous pouvez le voir sur la photo ci-dessous.

• L'emplacement du clapier

Son abri ne doit en aucun cas se trouver près d'un point d'eau (piscine, fontaine...), en raison de la présence plus importante de moustiques en ces lieux le soir, et dont une seule piqûre peut leur transmettre une maladie mortelle.

▼ Ce que lapin veut, il l'obtient... D'une intelligence redoutable, il creusera en seulement quelques minutes un joli trou pour sortir de son enclos... !

Également, choisissez un emplacement loin de tout courant d'air (en prévention des rhumes si dangereux pour lui), et ombragé – l'idéal étant sous un arbre – car il ne résistera pas à un coup de chaleur. Enfin, optez pour une surface plane (terrasse) ou bien positionnez des dalles en béton ou en pierre à même le sol dans un coin de votre jardin, afin qu'il lui soit impossible de creuser pour en sortir, car il pourrait être la cible de prédateurs qui rôdent la nuit. En effet, en ville, certains chats errants peuvent se montrer dangereusement agressifs ; à la campagne, les renards entre autres sont à craindre. Il est donc essentiel de l'enfermer chaque soir.

Palace de demi-saison pour dormir au clair de lune et respirer l'air frais de la nuit.

• L'aménagement du clapier

Identique à celui de sa cage, soit : un bac à litière, une écuelle, un biberon, ainsi que des distributeurs à foin et à légumes.

Les solutions pratiques aux éventuelles nuisances au jardin

• Il creuse

Un mâle a tendance à creuser de petits trous, il vous sera alors aisé de les reboucher après son passage... ou d'en profiter pour y planter quelque chose (qu'il n'aime pas !).
Dans la nature, la plupart des femelles creusent quant à elles un terrier, aidées de leur mâle ouvrier... Aussi, l'idéal est de le leur autoriser, car si vous le rebouchez, elles recommenceront ailleurs, et vous n'en finirez plus... Surtout, le sol de votre jardin risque de devenir un véritable gruyère, car les galeries de ces dames sont tellement élaborées que même en essayant, vous ne parviendrez pas forcément à déceler (et donc reboucher) les différents niveaux et pièces de leur palace.
Par ailleurs, un terrier ne nuira en rien à votre jardin, même esthétiquement, car la lapine prendra soin d'en faire l'entrée dans un endroit à l'abri des regards.
De plus, cela aura le mérite de beaucoup l'apaiser : prévoyante, elle a besoin que son nid soit prêt en cas de grossesse, même si celle-ci n'arrive jamais.
Prenez alors le temps, si vous la surprenez en plein labeur, de l'observer : ce que vous verrez vous impressionnera, tant dans l'énergie déployée, que dans l'extrême précision de chaque étape de la construction.
Lorsque la galerie sera creusée, vous n'aurez pas à tasser la terre autour de l'entrée, car elle s'en sera chargée au fur et à mesure de sa progression dans le sous-sol. Toutefois, vous aurez peut-être votre rôle à jouer pour l'aménagement de celui-ci, lorsque Madame Lapin s'éloignera de son nouveau domicile à la recherche de quoi confectionner à la fois un tapis pour la pièce dédiée au repos et un nid pour ses éventuels futurs petits...

Vous la verrez alors commencer à arracher de l'herbe, saisir des feuilles, qu'elle stockera dans sa gueule... Puis, une fois celle-ci pleine, elle foncera à l'intérieur du terrier...

À ce moment, vous pourrez l'aider : apportez-lui du foin, des feuilles, en bref participez !

Déposez le tout près de l'entrée et attendez : celle-ci aura vite compris que vous faites le relais et ne se déplacera plus dans le jardin...

Elle s'empressera de descendre avec son butin et de remonter pour prendre ce que vous lui donnez ! La complicité entre elle et vous n'en sera bien entendu qu'augmentée... !

▲ Confectionner un nid ne s'improvise pas, il faut sélectionner minutieusement et savamment chaque brindille...

• C'est un excellent jardinier...

Fini la tondeuse si vous avez trois lapins et 100 m^2 de jardin ! En contrepartie, ils adorent les fleurs et les plantes d'une manière générale, mais pas pour les regarder... ! Et ils savent particulièrement les apprécier : un vrai repas de fête !

La solution

Placez les plantes à fleurs en hauteur : suspensions, balconnières ou encore mur végétal seront vos alliés !
Protégez impérativement votre potager à l'aide d'un grillage ou autre.

• Il sème des crottes dans votre jardin

La solution

Laissez-le faire et réjouissez-vous !
D'une part, cela ne salira pas vos chaussures, car il choisira un endroit précis et toujours le même (de même qu'il choisit un coin « latrines »[5] dans la nature), et ses selles sont aussi dures que de petits cailloux.
Mais surtout, votre ami étant un herbivore, il rend à la terre ce qu'elle lui a donné, et cela la fertilise incroyablement !
Ainsi, vous pourrez même, le printemps venu — et pour peu que l'idée ne vous rebute pas — vous passer de terreau (fait à partir de crottin de cheval, soit dit en passant...) pour votre potager : il vous suffira de retourner la terre à l'endroit qu'il a décrété comme étant ses latrines[5] durant l'hiver, et d'y planter vos légumes. Préparez-vous alors à des surprises, notamment avec les plants de tomates : ceux-ci pourront atteindre 1,50 à 2 mètres de haut !

▼ Non, ce ne sont pas de petits cailloux sur un chemin, mais des latrines de lapin en pleine nature...

► Quand un bien vous appartient, il faut savoir le garder en lieu sûr...

[5] Toilettes, WC rudimentaires.

ASTUCES SUPPLÉMENTAIRES

Mémento du matériel nécessaire

• Le matériel obligatoire

- Cage de dimensions 95 x 58 x 45 cm
- Bac à litière basique pour chat
- Écuelle spéciale lapins
- Biberon (taille moyenne pour les lapins nains ; très grande taille pour les moyens et les géants)
- Sciure de bois
- Sacs poubelle 30 litres
- Vinaigre d'alcool blanc
- Rouleau d'essuie-tout
- Brosse de démêlage (dents en métal) pour rongeurs
- Coupe-ongles pour rongeurs
- Pipettes anti-puces
- Médicament Immocaps (médicament fréquemment prescrit aux humains en cas de diarrhée).
- Panier de transport (rongeurs, pour les lapins nains ; chat, pour les moyens ; chien, pour les géants)
- Serviette éponge épaisse pour le panier de transport (mieux qu'un coussin : aussi confortable, elle permet de le maintenir tout autant, et elle sera plus absorbante et facile à nettoyer en cas de pipi dû au stress du voyage).

• Le matériel facultatif

- Clapier
- Enclos
- Housse pour enclos
- Petit tapis
- Harnais
- Une grande poche plastique pour la sciure
- Une grande poche plastique pour le foin (pas de sac-poubelle)
- Une boîte métal assez grande et profonde (type brioche italienne) pour les granulés
- Brosse de finitions (poils synthétiques) pour rongeurs

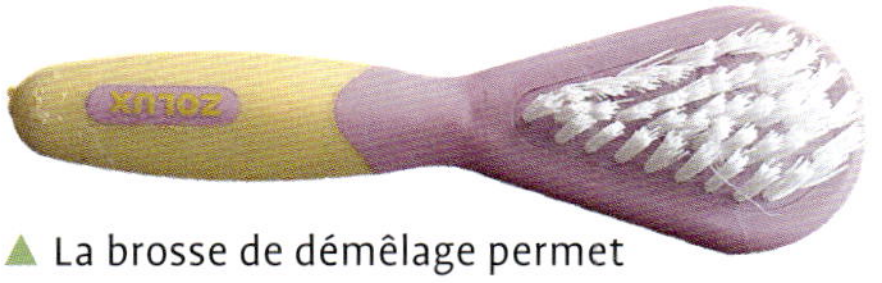

▲ La brosse de démêlage permet d'enlever nœuds et surplus de poils.

▲ Une boîte de Panettone est le contenant idéal pour les granulés, tant pour vous que pour votre lapin !

Mémento des choses à faire

- Nettoyer la cage et changer la litière tous les 4 à 8 jours
- Lui donner du foin à volonté
- Deux repas par jour (matin et soir)
- Changer son eau chaque jour
- Contrôler une fois par semaine ses dents, ses oreilles et ses ongles
- Le brosser en période de mue
- Vaccin myxomatose et VHD (Maladie Virale Hémorragique) : une fois/an
- Jouer avec lui
- Le câliner énormément.

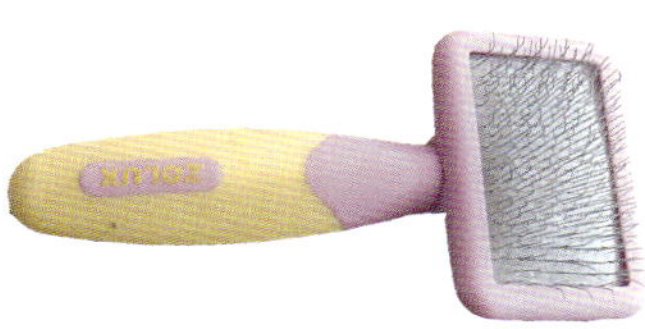

▲ La brosse de finitions permet d'aplatir les poils gonflés par le démêlage.

▲ Boire en restant allongé, quel effort !

Liens Internet utiles

Conseil personnalisé (en ligne, par téléphone ou à domicile)
par Michèle Pallard Cressent, auteur de cet ouvrage.
www.nosamislapins.com

Sites de référence du lapin de compagnie

En langue française
Marguerite et Cie.
www.margueritecie.com
En langue anglaise
The House Rabbit Society Care Guide.
www.rabbit.org

Index

Crédit des photos et dessins :

Toutes les photos du livre appartiennent
à la collection personnelle de l'auteur, sauf :
- **BIOSPHOTO** : pp. 48 haut (J. Douillet), 64 (P. Giraud), 81 (M. Gunther) et quatrième de couverture (E. Guilloret).
- **Fotolia** : p. 28.
- **Istockphotos** : p. 2 et première de couverture.

8, rue Blanche
75009 Paris
Tél. : 01 48 05 03 03
Fax : 01 48 05 02 04
www.editions-ulmer.fr

Réalisation : Laurent Melin
Impression : Alcione
ISBN : 978-2-84138-599-7
N° d'édition : 599-01

Dépôt légal : mars 2013
Printed in Italy

FSC
www.fsc.org
MIXTE
Papier issu
de sources
responsables
FSC® C021956